Teufel, Mönch und Holzgespenst

Sagenhaftes Altenburger Land

„'s is su hibsch gruselj, wemmer ohmds in Wenter hengern worm Ufen sitze
un Gespenstergeschichten derzohle konn,
doß mer nochen im Bette noch de Decke ibbern Kubb zieht
un sich noch emol de Sache ibberleet."

Ernst Daube

Sagen & Legenden

Teufel, Mönch
und Holzgespenst

Sagenhaftes Altenburger Land

Antje Beyer und Johannes Fabian

SUTTON

Sutton Verlag GmbH
Hochheimer Straße 59
99094 Erfurt
www.suttonverlag.de

ISBN: 978-3-95400-529-1
Satz und Gestaltung: Sutton Verlag
Druck: Florjančič Tisk d.o.o. / Slowenien

Titelbild: Burg Posterstein im Morgenlicht.
Rückseite: Geheimnisvolle Wege führen durchs Altenburger Land.

Inhaltsverzeichnis

Dank und Bildnachweis

Wir danken in erster Linie all jenen Menschen, die über Jahrhunderte die Geschichten unserer Heimat weitererzählt und vor dem Vergessen bewahrt haben.

Großer Dank gebührt unseren Familien, die die Arbeit an diesem Sagenbüchlein nicht nur gutgeheißen, sondern vielfach unterstützt haben mit ermutigenden Worten, Bild- und Quellenmaterial.

Ein Dankeschön gilt dem Sutton Verlag Erfurt, dessen gesamtes Team sich kompetent um die Vermittlung regionaler Geschichte in Buchform kümmert.

Dank sei all jenen Menschen ausgesprochen, die glauben, dass die „alten Geschichten" ihnen etwas zu *sagen* haben und die daher bereit sind, ihre mühsam verdienten Taler dem Buchhändler ihres Vertrauens zu überlassen, um dieses Buch in den Händen halten zu können.

Die Bilder im Buch stammen von:

Lars Kuhnt: Titelbild (Einband vorn), Vorsatz, S. II/III, 8, 15, 26, 31, 52/53, 55, 57, 100, 105, 116, Nachsatz

Udo Kuhnt: S. 40/41, 110, Einband-Rückseite

Sammlung Hendrik Läbe: S. 50, 95

Johannes Fabian: S. 4, 10, 17, 18, 19, 23, 24, 29, 34, 37, 38, 46, 61, 63, 66, 72, 73, 76, 78, 86, 89, 91, 98, 102, 107, 109, 114

Antje Beyer: S. 13, 64

Draußen hinterm Dorfe ...

„Wie das Kind seine ihm eigene Welt der Märchen hat,
an die es glaubt und in deren Wunderkreis auch der Erwachsene
mit Sehnsucht sich zurückdenkt,
so hat das Volk seine eigentümliche Welt der Sagen,
die ihm mit dem Zusammenleben in der Heimat gegeben ist und
an der es mit inniger Liebe hängt.“

(aus dem Vorwort zu „Deutsche Sagen“, hrsg. von den Brüdern Grimm, 1816)

Ein Erbe, das es zu bewahren gilt, das wir unseren Kindern vorlesen und erzählen sollen, damit es weiterlebt – das war die Sage für die Brüder Grimm.

Gänzlich in diesem Sinne trugen wir Sagen aus unterschiedlichen Quellen, früheren Veröffentlichungen, verschiedenen Zeiträumen zusammen – um sie zu bewahren und in neuer, ansprechender Form den Menschen unserer Gegenwart nahezubringen. Dabei ist es nicht unser Ansinnen, eine vollständige Sagensammlung für das Altenburger Land zu bieten, sondern vielmehr ein unterhaltsames Lesebuch mit thematisch vielfältigen Sagen aus der Region zwischen Meuselwitz, Heyersdorf und Beerwalde, aus den Tälern von Sprotte und Pleiße, wobei natürlich die Protagonisten einiger Sagen auch mal bis ins Sächsische und Sachsen-Anhaltinische laufen; die (Landes-)Grenzen sind ja nichts in Stein Gemeißeltes und änder(te)n sich andauernd.

Diese fruchtbare Gegend, die im Frühmittelalter zum Thüringer Reich gehörte und von ausgedehnten Wäldern bedeckt war, ist Teil der Sagen und Geschichten und untrennbar mit den Erlebnissen und Erfahrungen, Ängsten und Vorstellungen der Menschen verbunden, die seit Jahrhunderten hier leben.

Sie alle verband eine Neigung: die Lust am Fabulieren, am Erzählen und Ausschmücken. Das war damals nicht anders als heute. Vom althochdeutschen Wort „saga“ (Rede, Aussage, Gesagtes) leitet sich unser Begriff „Sage“ ab. Man erzählte sie, möglichst lebendig, immer ein wenig ausgeschmückt, manchmal ließ man Unpassendes einfach weg und dichtete etwas Gewünschtes, vielleicht ein Quäntchen Moral, hinzu. So machten die Sagen und Erzählungen in der Bevölkerung die Runde. Über viele Generationen wurde ein Schatz an Erinnerungen und Geschichten weitergetragen, bis schließlich ein des Schreibens kundiger Zeitgenosse sie endlich aufschrieb, vielleicht in der Mundart seiner Heimat, sie sammelte und somit vor dem Vergessen bewahrte. In großen und kleinen Sammlungen, Heftchen, Büchern und heute natürlich in modernen Medien wie dem Internet oder als eBook konnten die damals am Herdfeuer, an der Gesindetafel oder in der Spinnstube verbreiteten Geschichten die Zeit überdauern –

und dennoch sind sie nicht mehr in jedem Haushalt, nicht mehr in den Unterhaltungen aller Familien präsent.

Darum also ein neues Buch über die mannigfaltige Sagenwelt des Altenburger Landes.

Warum noch mal?

Brauchen wir diese alten Geschichten voller fantastischer Elemente, Gespenster, Teufel und längst verfallener Klöster und Höfe noch?

Vielleicht erzählen sie uns manches über uns selbst. Vielleicht helfen sie, Vergangenes einzuordnen und heute Erlebtes besser verstehen zu können!

Die oft schauerlichen Sagen ermöglichten es unseren Vorfahren, ihre Ängste ins Bild zu rücken, sie lieferten Erklärungen für Naturphänomene und rätselhafte Erscheinungen in ihrer Umwelt. Die Geschichten transportierten die hoffnungsvolle Botschaft, dass das Böse überwindbar ist und schlimmes Unrecht von einer höheren Macht vergolten wird. Sie brachten ihre Ängste zur Sprache und konnten sie so überwinden oder besser bewältigen. Dies hat auch in unsrer modernen Zeit seine Gültigkeit. Egal, welche Sorgen uns nicht schlafen lassen, welche Ängste uns behindern: Wenn wir darüber erzählen (manchmal vielleicht auch mit

einigen kleinen Übertreibungen, denn wir wollen die Zuhörer schließlich nicht langweilen), fühlen wir uns merklich besser.

Doch auch die sogenannten historischen Sagen spielen eine bedeutsamere Rolle, als es auf den ersten Blick scheint. Wir erfahren von Personen oder Ereignissen, die vor hunderten Jahren eine gewisse Bedeutung in unserer Heimat hatten. Die zeitliche Einordnung, die Hinweise auf bekannte Bauwerke wie Höfe, Klöster und Hügelgräber verleihen diesen Sagen den Anstrich der Wahrhaftigkeit. Wir alle werden so zu Zeugen einer gemeinsamen Vergangenheit, die uns prägte und unsre Region formte. Auch wenn die tatsächlichen Begebenheiten nur eine marginale Rolle spielen, ranken sich diese Sagen um einen authentischen Kern.

In manchen Geschichten leben regionale Bräuche auf, wir erfahren deren Herkunft und Bedeutung. Zu diesen Bräuchen gehört auch die Pflege einer eigenen Mundart, die natürlich wie alle Sprachen ein lebendes Gebilde darstellt, das ständig im Wandel ist und sich neuen Entwicklungen anpasst. Ein anschauliches Zeugnis für das Wesen und den Charakter der Bewohner einer Region ist die Mundart allemal. Aus diesem Grund erlauben wir uns, einige wenige Sagen auch im Dialekt der Menschen des Altenburger Landes wiederzugeben – nebst Übertragung ins Hochdeutsche, wobei Witz und Charme vor allem im Mundarttext zur Entfaltung kommen. Hierfür waren die Schriften eines der bekanntesten Heimatforscher und -autoren unserer Region, Ernst Daube, eine erquicklich zu studierende Quelle. Unter dem Namen Sporgel war der 1869 geborene Meuselwitzer und Oberzollinspektor bekannt, der zahlreiche Gedichte und Prosastücke in Mundart herausbrachte.

Das Erzählen und Weitererzählen sagenhafter Begebenheiten hatte zu jeder Zeit eine ganz alltägliche, kommunikative Bedeutung. Unsre Wirklichkeit zu erfassen und zu verstehen, eine gute Geschichte zu hören (und die eigene Sensationslust zu befriedigen), etwas über uns selbst herauszufinden: Das sind Beweggründe, die wir mit unsren Vorfahren gemein haben, auch wenn die moderne Umwelt sich dank Wissenschaft und weltweiter Vernetzung immer schneller erklären und erschließen lässt.

Doch in den kleinen Dingen der heimatlichen Umgebung, sozusagen „draußen hinterm Dorfe“, etwas Sagenhaftes, Wunderbares zu entdecken, sich das Staunen zu bewahren, vielleicht auch innezuhalten und manches Geheimnisvolle auf uns wirken zu lassen, das ist eine ausgesprochen beschützenswerte und elementare Eigenschaft in unsrer schnelllebigen Zeit, um den Boden unter den Füßen zu behalten.

Wir wünschen darum eine erbauliche, erkenntnisreiche und ganz und gar sagenhafte Lesezeit!

Die Roten Spitzen in Altenburg erinnern an den Bart Barbarossas.

Wahrzeichen, Ortsnamen und heilige Stätten

Rote Spitzen

Einst weilte Kaiser Friedrich I., wohlbekannt unter dem Namen Barbarossa (der Rotbart), im schönen Städtchen Altenburg. Wie er sich nun umsah, bemerkte er, dass es kaum Türme im Ort gab, und es kam ihm in den Sinn, welche zu bauen. Doch ihm fehlten Baumeister und Steinmetzen, die ihm einen Plan dazu gemacht hätten.

Eines Nachts blickte er in den nächtlichen Altenburger Sternenhimmel, strich nachdenklich seinen prächtigen roten Bart – und hatte plötzlich eine Eingebung. Sein Bart war, wie jedes Kind weiß, zweispitzig! Eine Spitze lang, die andere kürzer: eine wunderbare Vorlage für die geplanten Türme. So stiftete Barbarossa ein Kloster und ließ den schönsten roten Backstein heranschaffen. Einige Jahre später, 1172, ragten sie dann majestätisch empor, die aus roten Ziegelsteinen erbauten Türme mit ihren schiefergedeckten spitzen Dächern, der rechte länger, der linke kürzer, genau wie Barbarossas Bartspitzen. Sie prägen noch heute die Silhouette Altenburgs, die Roten Spitzen, und geben uns ein eindrückliches Bild davon, wie wohl Barbarossas Bart ausgesehen haben mag.

Die Mutter

Als es in den alten Zeiten noch von Rittern und Räubern wimmelte, hauste auf der Burg Posterstein ein gefürchteter und gewalttätiger Ritter. Selbst seine Gemahlin, die aus dem Dorf Selka stammte, lebte in Furcht vor ihm. Wenn nun sonst keine Liebe zwischen den beiden war, ihr kleines Töchterchen hatten doch beide von Herzen gern.

Eines Tages waren die Knappen jenes Ritters auf dem Weg nach Vollmershain und fanden einen weinenden dreijährigen Jungen. Sie setzten ihn aufs Pferd und nahmen ihn mit zur Burg. Der böse Burgherr wollte den Kleinen töten, doch seine Frau, die ein gutes Herz hatte, bat für den Knaben. Also blieb er und wurde zusammen mit der Tochter erzogen. Die Kinder wuchsen heran und hatten einander sehr lieb. Doch das Unheil blieb nicht fern: Die Rittersfrau wurde bald darauf sehr krank. Auf dem Totenbett war es ihr letzter Wunsch, dass der Findeljunge ihre Tochter heiraten sollte. Der Ritter jedoch dachte gar nicht daran, diesen letzten Willen seiner Frau zu erfüllen. Er trachtete dem Jungen fortan nach dem Leben. Einmal schoss er mit der Armbrust aus dem Burgfenster nach ihm, traf aber nur den Hut, der vom Kopf fiel. Innerlich zutiefst erbost, lachte der Ritter jedoch höhnisch zum Fenster hinaus und rühmte sich seiner Schießkunst.

Da sein Vorhaben missglückt war, fasste er einen neuen Plan. In der kommenden Nacht wollte er seine Tochter und den Findeljungen mit dem Dolch ermorden. Als alles schlief auf der Burg, drang der grausame Ritter mit der Mordwaffe ins Schlafgemach seiner Tochter ein, die aber noch wach war. Sie stürzte sich aus dem Bett, fiel vor ihm nieder und küsste seine Füße. Nach altem Brauch bedeutete dies, dass er sie verschonen musste. Daher drang der Wüterich in die Kammer des Jungen ein, und fand dessen Bett leer vor, denn der Jüngling war durch das Fenster entflohen. Wutentbrannt riss der Postersteiner das Signalhorn von der Wand und stieß hinein. Alle Knappen und Knechte waren im Nu mit Pferden und Hunden zur Stelle. Der Ritter ließ aufsitzen und alle Hunde loslassen. Eine schreckliche Hetzjagd begann.

Inzwischen war der Junge durch die Täler und Wälder bis in die Gegend des sächsischen Crimmitschau vorgedrungen. Immer näher kamen die Verfolger, immer lauter kläfften die Hunde; der Junge stolperte, die Kräfte verließen ihn, und er fiel. Doch wie sonderbar: Er fiel geradewegs in den verborgenen Schornstein einer unterirdischen Räuberhöhle und verschwand spurlos vor den Augen seiner Verfolger. Dieser Höhleneingang „verschluckte" ihn in einem Waldstück, das heute noch „Sahn" (Sohn) heißt.

In der Höhle jedoch hausten Räuber, die ihn argwöhnisch beäugten und ausfragten. Als er seine Lebensgeschichte erzählt hatte, nahmen sie den Jungen als Knecht auf. Da er klug und tapfer war und sich auf ihren Streifzügen bewährte, wurde er nach dem Tod des Räuberhauptmannes als dessen Nachfolger gewählt. Dabei schwor er, als neuer Hauptmann alle unschuldig Leidenden rächen zu wollen.

So begegnete er auf einem solchen Rachezug einer alten Zigeunerin , die ihm verriet, dass seine Braut elend im finsteren Postersteiner Burgverließ schmachten musste, weil sie sich dem Willen des Vaters widersetzt hatte, einen bösen Ritter zu heiraten. Die Alte erzählte ihm auch, dass die Selkaer schon auf Posterstein zumarschierten, um die Gefangene zu befreien. Der Jüngling dachte nicht lange nach; auf der Stelle zog er mit seinen Räubern zur Burg Posterstein. Als sie den Burgberg bezwungen hatten, ließ der tapfere Junge keine Zeit verstreichen und forderte den grimmigen Burgherrn ungestüm zum Zweikampf auf. Das ließ der sich nicht zweimal sagen. Sein brüllendes Gelächter war bis ins Sprottetal zu hören, denn er war ein Riese von Gestalt und wusste sowohl Schwert als auch Lanze gut zu führen. Der Kampf begann. Mit lautem Gebrüll stürmten sie aufeinander los, die Pferde bäumten sich auf, die Funken stoben. Keiner wich vor dem anderen zurück. Drei Mal griff der finstere Ritter den Jüngling vergeblich an. Dann zog der junge Räuberhauptmann sein Schwert und hieb dem Wüterich so über den Kopf, dass dieser tot vom Pferd fiel. Lauter Jubel brach unter den Räubern und den inzwischen herbeigeeilten Selkaern aus – sie alle stürmten nun in die Burg hinein. Voran der siegreiche Held, der in dem Gang zum Verließ die Türen erbrach und seine Braut aus dem düsteren Gefängnis befreite. Voller Freude hob er sie auf sein Pferd und führte sie als seine Frau in die Räuberhöhle, in der aber schon die Witwe des verstorbenen Räuberhauptmannes lebte. Diese meinte nun, dass nicht zwei Frauen an einem Herdfeuer stehen sollten. Also zog sie fort und baute sich zwischen Mannichswalde und Nischwitz im Wald ein festes Haus, das dem „Sahn" gegenüberlag. Das Waldstück heißt heute noch „Moder" oder „Mutter".

Die silberne Hand

Im Jahre 1306 hielt Markgraf Friedrich I. von Meißen, den man auch den Gebissenen nannte, einige Zeit Hoflager in Altenburg. König Albrecht I. indes, mit dem Friedrich und sein Bruder Dietzmann im Kriege standen, hegte finstere Pläne. Er hatte Meuchelmörder angeheuert, die dem Markgrafen während einer Mahlzeit im Gasthof „Schwarzer Bär" am Markt den Garaus machen sollten.

Ein Altenburger Bürger – es heißt an einer Stelle, sein Name sei Kornschreiber gewesen, an anderer Stelle ist gar vom Wirt des „Schwarzen Bären" selbst die Rede – machte die Schande, die das Geschlecht der Habsburger mit diesem Mordversuch auf sich lud, mit seinem Blut wieder gut. In dem Augenblick nämlich, als einer der Verräter nach dem Kopf des Markgrafen zielte, fing ihn der Altenburger auf. Ihm wurde dabei zwar die Hand abgehauen, doch konnte er den Markgrafen Friedrich unversehrt aus dem Gedränge retten.

Dass vielleicht ein Freiberger dem Markgrafen Friedrich das Leben rettete, und dass die Mordtat möglicherweise schon im Jahre 1295 unter Albrechts Vorgänger Adolph von Nassau

Der Mordversuch an Friedrich dem Gebissenen im „Schwarzen Bären".

geplant war, ändert nichts daran, dass die abgehauene (silberne) Hand noch heute das Wappen der Stadt Altenburg ziert.

Der Evangeliensteg

Auch wenn Altenburg eine der ersten Städte in Thüringen war, die sich dem lutherischen Reformationsgedanken öffnete und Georg Spalatin ab 1525 diese Ideen umzusetzen versuchte, so dauerte es doch seine Zeit, bis in allen Dörfern des Altenburger Landes evangelische Predigten zu hören waren. Das Dörfchen Frohnsdorf zeigte sich da aufgeschlossener als die Bewohner des benachbarten Ortes Ziegelheim. Zwischen beiden Dörfern gab es nun einen Weg, den man unter dem Namen Evangeliensteg kennt. Die Sage berichtet, dass die heimlich dem Luthergedanken zugetanen Ziegelheimer das Tal über diesen Steg herabkamen, um in Frohnsdorf die evangelische Predigt zu hören.

Das Dorf Monstab

Woher Monstab, das etwa sechs Kilometer westlich von Altenburg gelegene Dörfchen, seinen Namen hat, vermag niemand mehr genau zu sagen. Die Sage berichtet, dass einst Gläubige auf ihrer Wallfahrt in das frühmittelalterliche Rundlingsdorf zogen und lange Stäbe mit sich trugen. Sie kamen bei Mondschein zur Kirche, und so hätte der Ort fortan Monstab geheißen. Andere berichten, dass hier einst ein zur Mahnung oder Weisung dienender Stab gestanden hätte (ein „Mahnstab").

Die Pegauer kamen sogar nach Monstab, um ihre Kinder hier taufen zu lassen, und viele Zwickauer Bürger ließen sich bei der Monstaber Kirche begraben. In dieser brannte seit 1445 ein ewiges Licht, das Johann Tzsahadras auf Romschütz aus Dankbarkeit gestiftet hatte. Eines Nachts war er auf den Wegen umhergeirrt und hatte in der Dunkelheit nicht mehr nach Hause gefunden. Plötzlich schien vom Kirchturm ein helles Licht und er konnte seine nächtliche Irrfahrt glücklich beenden.

Der Nixtümpel bei Breitenhain

Als es in den alten Zeiten noch Nixen gab, hatten die Breitenhainer oft Kontakt mit diesen Wesen. In dem nordwestlich von Altenburg und bei Lucka gelegenen Dorf plätscherte der Rainbach durch eine sumpfige, mit Gebüsch umstandene Wiese; diese Gegend nannte man den Nixtümpel. Hier trockneten die Wassergeister ihre Wäsche, während ihre smaragdgrünen Haare im goldenen Morgenlicht schimmerten und ihre Rocksäume wasserschwer troffen. Manchmal ließen sie sich im Dorf sehen und tanzten in der Schenke. Doch brachten sie auch Unglück, denn einst entführten sie aus einem Hause ein armes unschuldiges Kind, das nie wiedergesehen ward.

Ein Nixtümpel im Morgenlicht.

Die Radegasse

Im Südwesten Schmöllns hatte sich in den alten Zeiten, als in unsrer Gegend viele Slawenstämme siedelten, ein Riese aus dem Stamm der Sorben auf einem Hügel ein Haus bauen lassen. Er galt als der Tapferste und Weiseste und man nannte ihn Radegast (Hauptratgeber). Seine weisen Ratschlüsse waren im Volk sehr gefragt und so entstand auf dem Hügel nach und nach ein Ort für Volksversammlungen. Nach Radegasts Tod setzte man die Asche seines verbrannten Leichnams dort bei und errichtete ihm zu Ehren ein Denkmal. Bald schon strömten die Menschen von überall her zu diesem Heiligtum – in dem sogar Priester Radegast verehrten –, um sich etwas orakeln und weissagen zu lassen, z.B., wie es um das Schicksal der Familie oder des eigenen Stammes bestellt sei. Diesen Rat ließen sich die Priester natürlich durch allerhand Opfer ordentlich vergüten.

Als Schmölln später mehr und mehr zur Stadt heranwuchs, erhielt die Straße, die zu Radegasts Hügel (wahrscheinlich zum Steinberg) führte, den Namen Radegasse oder Radegaststraße. Die heutigen Bewohner Schmöllns kennen sie als Sommeritzer Straße.

Wahrzeichen von Schmölln

Ab 1632 hatte der grausame Dreißigjährige Krieg auch das Altenburger Land erfasst, riesige Truppenteile zogen durch oder bezogen hier Quartier. So verwundert es nicht, dass auch im Sprottestädtchen Schmölln zu Tages- und Nachtzeiten die Söldner, Heerführer und höheren Offiziere anzutreffen waren.

Zu einer mitternächtlichen Stunde machte nun der Nachtwächter seine Runde auf dem Markt. Was ihm da widerfuhr, was er erleben und mit ansehen musste, hat er nie offenbart. Fortan getraute er sich jedoch nicht mehr, die erste Stunde nach Mitternacht auszurufen. Generationen von Nachtwächtern taten es ihm aus Furcht gleich.

Gefunden hatte man am nächsten Tag zwei vornehme schwedische Offiziere, die in ihren bunten Uniformen auf dem Markt lagen. Sie waren im Zweikampf zu Tode gekommen, die blutigen Klingen ihrer Schwerter zeugten davon.

Seither erinnern an der Frontseite des Rathauses, auf der linken Ecke, zwei über Kreuz hängende eiserne Schwerter an dieses Ereignis (manche sagen auch, sie hingen da als Zeichen der einstigen Gerichtsbarkeit).

Das Kloster auf dem Pfefferberg

Zur Zeit von Kaiser Lothar III. lebte in Schmölln der wohlhabende Graf Bruno, Herr in Pleißen, aus dem Stamme der Markgrafen von Meißen. Er hatte keinen männlichen Erben mehr, denn sein Sohn Ortwin war auf der Jagd ums Leben gekommen. Graf Bruno, dessen Stammburg in Schmölln lag, stiftete nun mit seiner Frau Willa im Jahre 1127 ein Kloster zu Ehren der Mutter Gottes, welches auf der links des Schmöllner Sprotteflusses gelegenen Erhebung errichtet wurde. Diese trug später den Namen Pfaffenberg (Pfefferberg).

Graf Bruno war ein sehr reicher Mann und stattete das Benediktinerinnenkloster, dem seine Tochter Gerburgis als Äbtissin vorstand, aufs Kostbarste aus. Doch als sie starb, führten die Nonnen das Kloster nicht zu seiner Zufriedenheit weiter und Graf Bruno beschloss, die Nonnen durch schwarze Benediktinermönche zu ersetzen. Auch diese führten das Haus eher schlecht, und so bat der dahinscheidende Graf Bruno seinen Verwandten Bischof Udo von Naumburg, Zisterzienser einzusetzen, die damals einen guten Ruf hatten. Bald nach Graf Brunos Tod kamen diese aus dem Kloster Walkenried nach Schmölln. Doch es waren düstere Zeiten für die Gottesmänner, denn sie waren in der Gegend nicht wohlgelitten. Die Bewohner der Stätte, die damals noch Zmuolne genannt wurde, waren ein rauhes Völkchen mit rohen Sitten. So trug es sich zu, dass ein vornehmer Slawe in Abwesenheit des Abtes Adelbert gegen den Willen der Mönche einen verstorbenen Freund, der mit dem päpstlichen Bann belegt war, in der Klostererde bestattete. Der Abt ließ nun den Toten bei seiner Rückkehr wieder ausgraben und vor das Kloster werfen. Dies erzürnte den Slawen und er warf des Nachts ein Stück vom Körper des Toten durch ein Fenster in die Kirche. In seinem Zorn bedrohte er den Abt mit dem Schwert, der daraufhin mitsamt den anderen verängs-

Die Schwerter am Schmöllner Rathaus.

tigten Klosterbrüdern zu Bischof Udo flüchtete. Es dauerte nicht lang und das Schmöllner Kloster wurde mit allem, was darin war, nach Schulpforta verlegt, wo es ab 1137 aufblühte und weiten Ruhm erlangte.

Wallfahrt zu Schmölln

Einst gab es in Schmölln auf dem Pfefferberg ein Kloster. Dicht daneben (ungefähr dort, wo die späteren Bewohner ihren Hauptfestplatz einrichteten) stand eine kleine Kirche. Sie war der Mutter Maria gewidmet und es hieß, dass darin ein gnadenreiches Bild der Gottesmutter viele Wunder und Zeichen getan habe. Die Gläubigen wallfahrten in Strömen zu diesem heiligen Ort und man sagt, dass dies nach der Wallfahrt zu Aachen eine der frühesten Wallfahrten in ganz Deutschland gewesen sei. Während der Wallfahrttage zu Schmölln fanden die belieb-

Ungefähr an dieser Stelle auf dem Pfefferberg befand sich das Kloster.

ten „Mutschenmärkte“ statt. Manch einer kam gar nur, um die am Spieß gebratenen und feilgebotenen Stücke vom Schweinefleisch, die Mutschen, zu verspeisen.

Den Ruhm als Wallfahrtsort verlor Schmölln bald, die Marienbergkirche brach man im Spätmittelalter ab. Doch den sagenhaften und vielbegehrten Leckerbissen der Mutschenmärkte verspeisen die Schmöllner wohl bis in alle Ewigkeit, denn ihr Mutzbraten ist ihnen heilig.

Von der Schmöllner Stadtkirche

Als die Kirche St. Nikolai in Schmölln im 15. Jahrhundert erbaut wurde, waren unzählige fleißige Hände am Werke. Ein Bauer, so sagt man, habe seine Arbeitskraft und die seines Pferdes sogar ein ganzes Jahr lang für den Kirchenbau geopfert und tagein, tagaus nichts anderes getan, als Steine zur Kirche zu fahren. Zum Gedenken an diese gute Tat ist eine Waage, wie sie einst die Fuhrleute brauchten, in Stein gehauen und an diesem ersten Kirchenbau angebracht worden.

Von Zeit zu Zeit kommt es vor, dass nachfolgende Generationen den Knopf vom Kirchturm abnehmen und schauen, was die Vorväter darin hinterlassen haben. Am 14. Juli 1681 war es wieder soweit: Gespannt schauten die Ratsherren in den geöffneten Knopf: Man fand ein Pergament, auf das Mönche die Anfänge der vier Evangelien und einen guten Wunsch geschrieben hatten. Überdies war darin ein Kästchen aus Holz, das folgende erstaunliche päpstliche Heiligtümer enthielt: ein kleines Stück vom Kreuz Christi und ein Stück vom Kopf des heiligen Christophorus.

Die Fuhrmannswaage im sogenannten Ortscheit-Wappen am nordöstlichen Pfeiler der Stadtkirche St. Nikolai kann direkt neben der Sakristei bewundert werden.

Das Gericht

Einst gingen ein Fleischerbursche mit seinem Hund und ein Jude den Weg vom thüringischen Heyersdorf über Frankenhausen nach Crimmitschau. Zu jener Zeit bedeckte dichter Wald die ganze Gegend. Wie sie so liefen, da hörten sie aus dem Wald, durch den die Straße führte, ein klägliches Wimmern. Der Fleischer dachte, es sei ein Mensch in Gefahr und wollte sofort in den Wald eilen. Der Jude indes bat ihn „Lass mich nicht allein!“ Der Jüngling jedoch wollte helfen und begab sich mit seinem Hund in den Wald hinein. Doch er suchte vergeblich und fand keinen Menschen in Not. Plötzlich war es gespenstisch ruhig, und er gedachte, wieder zur Straße zurückzugehen. Da brach plötzlich ein riesiger Wolfshund aus dem Unterholz und fiel ihn und seinen Hund an. Der Fleischer half seinem treuen Tier, das etliche Bisswunden davontrug, und gemeinsam schlugen sie den Angreifer in die Flucht.Nachdem er die Wunde seines Hundes verbunden hatte, lief der Fleischer zur Straße. Den Juden traf er dort nicht mehr an und dachte, der sei längst weiter nach Crimmitschau gegangen. Also tat er es ihm nach.

Doch wie er das Stadttor passierte, ergriff ihn die Stadtwache und warf ihn ins Gefängnis. Er sträubte sich und fragte verzweifelt, weswegen. Man sagte ihm, der Jude sei erschlagen und beraubt auf der Straße gefunden worden. Da man wusste, dass er mit dem Juden unterwegs gewesen war und überdies Blut an seinen Händen und Kleidern klebte, das allerdings von den Wunden seines Hundes stammte, sagte man ihm ins Gesicht: „Du hast den Juden ermordet und beraubt!“ Man führte ihn zum übel zugerichteten Leichnam des Juden. Voller Entsetzen starrte der Fleischer diesen an und beteuerte erfolglos seine Unschuld. In den Augen der Crimmitschauer war er des Mordes überführt, und sie fällten das Todesurteil. Schon am nächsten Tag trat er seinen letzten Gang an. Auf dem Weg zum Schafott brach er drei junge Zweige von einer grünen Linde ab und grub sie in die Erde. Dann sprach er: „Wenn diese Zweige, von meinem Blut bespritzt, Wurzeln schlagen und zu Bäumen heranwachsen, dann wisst ihr, dass ich unschuldig gestorben bin; verdorren die Zweige aber, dann mögt ihr meinetwegen denken, ich sei des Mordes schuldig gewesen!“ Nur wenige Augenblicke später stieg er auf das Schafott und sein Haupt fiel unter dem Schwert. Tatsächlich benetzte sein Blut die drei eingegrabenen Lindenzweige. Zum Erstaunen der Leute verdorrten diese aber nicht, sondern wuchsen zu stattlichen Bäumen heran.

Einige Zeit ging ins Land. Die Linden waren inzwischen gute zehn Jahre alt und warfen einen ordentlichen Schatten. Da kam eines Tages ein Mann mit einer Axt des Weges – aus der gleichen Richtung wie damals der Fleischerbursche. An den drei Linden verlangsamte er den Schritt, blickte sich verstohlen um und – holte plötzlich mit der Axt aus. Wie ein Berserker hieb er alsdann auf die Bäume ein. Ein Bauer, der das bemerkte, lief rasch auf ihn zu und fragte, was das denn werden solle. Der düster dreinblickende Fremde sprach: „Diese Linden sind Zeugen meines Verbrechens. Ich kann den Anblick nicht ertragen!“ Bei diesen Worten holte er wieder mit der Axt aus, zielte dieses Mal aber nach dem Bauern. Doch der Hieb ging fehl. Der kräftige Bauer wich aus, sprang auf den Fremden zu und überwältigte ihn. Der Fremde leistete sonderbarerweise keinen Widerstand und ließ sich zur Stadt führen.

Dort warf man ihn in eben jenes Gefängnis, in dem einst der unschuldige Fleischerbursche schmachten musste. Am nächsten Tag hörte der Richter den Fremden an, und der gestand: „Ich habe vor zehn Jahren den Juden erschlagen. Mit meinem dressierten Wolfshund gelang es mir, den Fleischer durch ‚Hilferufe' in den Wald zu locken, dann hielt der Hund ihn in Schach. Währenddessen habe ich den alten Juden überfallen, ermordet und ausgeraubt." Wo er denn in der Zwischenzeit gewesen sei, wollte der Richter wissen. „Mit dem Geld ging ich in fremde Lande, doch mein schlechtes Gewissen ließ mir keine Ruhe. Außerdem bekam ich großes Heimweh. Also kehrte ich zurück."

Der Richter fällte das Todesurteil, und bald darauf wurde der geständige Fremde an derselben Stelle hingerichtet, wo vor zehn Jahren der ehrliche Fleischer sein Leben lassen musste.

Das Stück Feld aber, das zwischen besagten drei alten Linden und dem ehemaligen Rittergut Frankenhausen liegt, nennen die Menschen seit jener Zeit „das Gericht".

Gösdorf – Sichelmutz

Der kleine Ort Gösdorf trägt im Volksmund den Beinamen Sichelmutz. Warum dies so ist? Nun, vor langer langer Zeit baute man unterhalb des Dorfes an der Straße nach Waldenburg einen Gasthof. Es dauerte nicht lange, da entstand dort auch eine Schmiede. Doch es fehlte dem Schmied bald an ausreichender Arbeit. So verfiel er auf die Idee, eiserne Geräte in der Form einer zerbrochenen Sichel zu fertigen, solche, wie sie die Fuhrleute nutzten, wenn sie den hart gewordenen Teer von den Achsen und Rädern ihrer Fuhrwerke schabten. Jeden Tag stellte der Schmied seine vorrätigen Waren in einem großen Korb vor die Tür und seine Frau sollte sie verkaufen. Wenn nun Fuhrleute durchs Dorf zogen, dann rief sie: „Kauft Sichelmutz!" So kam es, dass die Fuhrleute zuerst den Gasthof, später auch das ganze Dorf mit diesem Beinamen versahen. Manch einer in der Gegend kennt Gösdorf gar nicht unter seinem richtigen Namen, sondern nur als Sichelmutz.

Die Kapelle zum Rhoda

Nicht weit entfernt von Sichelmutz/Gösdorf liegt der vor langer Zeit berühmte Wallfahrtsort Zumroda. An der Stelle, wo heute die 1739 geweihte kleine Kirche steht, befand sich eine hölzerne Kapelle. Welche wundertätigen Dinge die Menschen zu ihr pilgern ließen, ist nicht bekannt. Doch die zahlreichen Wallfahrer brauchten ein Dach über dem Kopf, daher baute man Häuser in der Nähe dieser Kapelle. Über die Jahre entstand das Dorf mit dem noch in jüngeren Tagen bekannten Namen „Kapelle zum Rhoda".

Damals rodeten die Menschen oft große Waldflächen, um neue Siedlungen anlegen und Ackerland bestellen zu können. „Zum Rhoda" deutet auf dieses gerodete Land hin.

Heiliger Hain

Einst, im finsteren Mittelalter, zog sich der Leinawald von der Peniger Landstraße bis zum Altenburger Schloss hin. Darin lag, von alten und heiligen Eichen umsäumt, eine kleine Landschaft, der heilige Hain. Tore führten zu dieser Kultstätte, zu der nur die Priester der hier verehrten obersten sorbischen Gottheit, Pravne (eigentlich Perun), Zutritt hatten. Das Standbild des strengen und klugen Gottes thronte auf einem Eichenstamm im Zentrum des Allerheiligsten. In der einen Hand hielt er einen mächtigen Wurfspieß, in der anderen eine Pflugschar. Den Kopf zierte eine gezackte Krone, manche sagen auch, ein Kranz. Um seinen Hals hingen schwere Ketten.

Im Frühjahr pilgerten die Menschen in Strömen zum Hain, galt Pravne doch als Gott des Ackerbaues und Schutzherr des gesamten Pleißenlandes. Sie opferten ihm Schafe und Ochsen und baten ihn um Schlichtung oder Entscheidung in Rechtsangelegenheiten. Immer montags und während des großen Pravne-Festes wurde Gericht gehalten. Um die Unschuld eines Angeklagten festzustellen, bedienten sich die Priester der Feuerprobe. Aufgabe war es, die glühend gemachte Pflugschar (das Pravne-Eisen) zu berühren oder zu überschreiten, ohne sich dabei zu verbrennen. Wenigstens mussten mögliche Verbrennungen bei Unschuldigen nach drei Tagen abgeheilt sein. Andernfalls fielen sie der Strafe anheim.

Ein Altenburger Bischof namens Gerold mochte die aus seiner Sicht heidnischen Umtriebe nicht mehr mit ansehen. Er stürzte eines Nachts das Götzenbild und zündete den Hain an.

Der „kleine Jordan"

Dass heilige Stätten oft mit dem Leben spendenen Element Wasser verbunden sind, verdeutlichen zahlreiche Sagen von heiligen Quellen. Im Altenburger Land, das damals zu Sachsen gehörte, existierte sogar ein Wasserlauf, der den gleichen Namen trug wie der Fluss im heiligen Land, in dem sich Jesus Christus taufen ließ. Im Dorf Lossen plätscherte ein munterer kleiner Bach. Dieser kam der Sage nach durch folgende Begebenheit zu seinem Namen:

Die Reformation Luthers konnte sich anfangs im Altenburger Land nur schwerlich durchsetzen. So ist es ja stets mit allem Neuen. Die Menschen argwöhnen, scheuen und bleiben lieber bei Altvertrautem.

Doch ein Bauer war bereits der Luther'schen Lehre zugetan und wollte sein Kind in diesem Sinne taufen lassen. Er lief zum Pfarrer in Tegkwitz, wohl wissend, dass dieser den reformatorischen Gedanken ebenfalls in sich trug. Jedoch war eine Taufe im Sinne Luthers in der damals noch katholischen Kirche natürlich nicht möglich. Der Pfarrer fasste aber Mut und sann auf eine Lösung. Als die Zeit der Taufe heran war, führte er die heilige Handlung unter dem freien Himmel aus, und zwar an jenem schmalen, durch Lossen fließenden Bächlein. Seither ist dieser für alle Menschen nur noch der „kleine Jordan".

Der „kleine Jordan" in Lossen. ▸

Der „Berg der Riesen“

Auch aus dem Sprottetal bei Schmölln lässt sich gar Wundersames berichten. Hier lebten in den alten Zeiten Furcht einflößende Riesen. Sie litten häufig Langeweile und vertrieben sich ihre Zeit mit dem Schleudern riesiger Steine. In ihrem Übermut vergaßen sie oft, wie stark sie eigentlich waren. Der Stärkere von beiden brachte es sogar fertig, einen großen Felsbrocken aus dem Pfefferberg zu brechen. Von da aus warf er ihn dann weit ins Tal hinein, und der Fels

Der einstige „Riesenberg“ am Coßwitzanger heißt heute Lindenberg.

blieb am heutigen Coßwitzanger liegen. Der Felsen des Lindenbergs hieß aus diesem Grunde früher Riesenberg.

Als der Riese den Felsbrocken aus dem Pfefferberg riss, entstand natürlich ein enormes Loch. Noch heute ist es – unterhalb des Aussichtsturms – als Schmöllner Bastei zu bewundern.

Die Leichenpfütze

Der Tod gehört zum Leben wie das Atmen. Wenn nun einer den letzten Schnaufer getan hatte, dann war es früher Sitte, den Verstorbenen zu Hause aufzubahren, damit sich alle von ihm verabschieden konnten. Später holte man ihn ab und brachte ihn zum Friedhof. Erst seit gut 300 Jahren wird dafür ein richtiger Leichenwagen genutzt, auch auf den Dörfern des Altenburger Landes. Vorher schob man den Sarg einfach auf einen Leiterwagen und fuhr ihn vom Trauerhaus zum Friedhof. Meist war eine beträchtliche Strecke zurückzulegen und die holprigen Wege waren schwer zu passieren. Damit der Sarg während der Fahrt nicht herunterrutschte, legten die Menschen an Fuß- und Kopfende des Sarges einige Strohbündel. Diese warf man auf dem Rückweg schnellstens weg, denn die abergläubischen Menschen dachten, dass solche Strohbündel Unglück bringen würden.

Vom Leichenwagen, der aus Richtung Kraschwitz oder Remsa kam, flogen besagte Strohbündel in einen Weiher in der Nähe der Ziegelei von Windischleuba. Es dauerte nicht lange, da bezeichnete der Volksmund diesen kleinen Tümpel als „Leichenpfütze". Besonders nachts traute sich kaum jemand, an dieser Stelle vorüberzugehen. Die Menschen sahen spukhafte Geister in der Luft über dem Wasser umhertanzen, hörten erbärmliches Ächzen und Stöhnen. Bis in die jüngste Vergangenheit erzählten die alten Leute dies immer wieder den Kindern.

Die Schwedeneiche am Wiprechtsweg

Wiprecht von Groitzsch war ein reicher und mächtiger Markgraf von Meißen. Wenn er in Richtung Altenburg ritt, nutzte er einen Waldweg von Gröba bei Wintersdorf nach Lehma. Der nach ihm benannte Wiprechtsweg führte durch den einstigen Kammerforst und kann heute noch bewandert werden.

Die Sage erzählt, dass dort am Wegesrand bis vor hundert Jahren eine Eiche gestanden haben soll, die die Einheimischen Schwedeneiche nannten. Und das kam so:

Während des Dreißigjährigen Krieges hatte auch Gröba stark unter den Einquartierungen von schwedischem Militär zu leiden. Unter den Schweden war ein Offizier, der in den Kriegswirren reiche Beute an Gold und Silber gemacht hatte. Als es ans Weiterziehen ging, wollte er die schwere Beute nicht mit sich herumschleppen. Also befahl er einem Knecht, ihn in den Kammerforst zu bringen. Dort suchte er nach einer hohlen Eiche, fand eine solche auch und verbarg darin sein Raubgut. Daraufhin schoss er den Knecht bedenkenlos nieder, weil er keinen Zeugen haben wollte, der das Versteck kannte.

Doch der Plan schlug fehl, denn der Schwede hatte den Knecht nicht tödlich getroffen. Dieser schleppte sich bis nach Waltersdorf, fand da einen Unterschlupf und wurde gesund gepflegt.

Als der schwedische Offizier nun seinen Schatz holen wollte, fand er die Eiche zu seinem Entsetzen nicht wieder, denn der Knecht hatte unter Aufbietung seiner letzten Kräfte alle Markierungen des Offiziers unkenntlich gemacht. Die Schweden, und mit ihnen der schatzlose Offizier, ritten alsbald weiter.

Nach seiner Gesundung machte sich der Knecht wieder auf zum Kammerforst und barg den Gold- und Silberschatz. Die Sage will sogar wissen, dass er damit nach Leipzig gezogen sein und dort ein namhaftes Kaufmannshaus gegründet haben soll.

Allerlei Gespenstisches

Die spielenden Mönche

In der Altenburger Teichgasse hatte sich eines Abends in der alten Garküche eine große Gästeschar eingefunden. Der Wirt rannte die Treppe eilig auf und ab, holte aus dem Keller, wonach es den durstigen Kehlen gelüstete. Gegen Mitternacht verlangten die zechenden Gäste nach mehr. Der Wirt gedachte, ihnen mit einem besonderen Tröpfchen etwas Gutes zu tun. Ganz hinten in seinem Weinkeller, der früher zu einem Klosterkeller gehört hatte, wusste er, lag noch ein ganz alter Wein. Den wollte er allerdings nur hergeben, wenn viel Geld für ihn dabei heraussprang. Das sollte nun heute geschehen. Erfüllt von geldlüsternen Gedanken griff er nach seinem großen Schlüsselbund an der Wand und stieg hinab in den Keller. Lange lief er in den finsteren Gängen hin und her, konnte jedoch die richtige Tür nicht finden. Endlich stand er vor einem Eingang, der ihm der richtige zu sein schien. Ungeduldig schob er den Schlüssel ins Schloss, drehte ihn quietschend um, und mit einem knarrenden Geräusch bewegte sich die alte Eisentür in den Angeln. Der Wirt trat ein, blieb aber erstaunt stehen, als er am Ende des Gangs ein Licht schimmern sah. Vorsichtig ging er darauf zu und sah plötzlich an einem viereckigen Tisch vier Mönche sitzen. Die Kapuzen ihrer braunen Kutten waren heruntergeschlagen und ihre rasierten Köpfe schimmerten fahl. Sie redeten nicht miteinander, sahen sich auch nicht nach dem Wirt um. In den Händen hielten sie Spielkarten, doch was sie spielten, vermochte der Wirt nicht zu erkennen, denn auf dem Tisch brannte lediglich ein kleines rußiges Lämpchen; das Licht in seiner eigenen Laterne war plötzlich verlöscht. Ob dieser gespenstischen Erscheinung erfasste ihn die Angst, doch er war nicht imstande, sich vom Fleck zu rühren. Wie angezaubert stand er auf der Stelle. Als es ihm doch gelang, einen Fuß zu bewegen, tastete er sich vorsichtig zurück zur Tür, trat aus dem gespenstischen Gang in seinen Keller und suchte im Dunkeln den Ausgang. Er hörte seine Frau im Keller seinen Namen rufen, fand so den Ausgang und gelangte glücklich zu den Bierfässern. Dort waren die Nachbarn und Verwandten versammelt und hörten ungläubig mit an, was dem Wirt passiert war. Dieser war der Meinung, höchstens eine Stunde weg gewesen zu sein, doch er hatte seine Wirtsstube bereits vor mehr als 24 Stunden verlassen. Niemand wollte ihm glauben, doch als sie alle wieder ans Tageslicht gekommen waren und der Wirt sein schwarzes Samtkäppchen vom Kopf nahm, sahen sie, dass sein einst nussbraunes Haar im Keller schneeweiß geworden war. Der Wirt ist nie wieder in den verzauberten Gang seines Kellers gegangen. Andere, die den Gang suchten, fanden ihn nicht.

Gespenster bei Altenburg

An einem Pfingstmontag vor über 300 Jahren hatte ein Bauersknecht den ganzen Tag mit einer hübschen Magd in Altenburg getanzt. Als die Dämmerung heraufzog, führte er sie nach Hause. Auf dem Rückweg umringten ihn plötzlich einige Gespenster in der Gestalt schrecklicher, kläffender Hunde, die ihre Zähne fletschten. Sie fielen über ihn her und trieben den bedauernswerten Menschen die ganze Nacht durch die Felder. Völlig erschöpft und zu Tode geängstigt, übersät mit blutigen Blasen und Kratzern, langte er des Morgens daheim an, legte sich ins Bett – und wurde schon am nächsten Sonntag begraben.

Das mit Holz um sich werfende Gespenst

Im Winter des Jahres 1795 lieferte man einem Altenburger Bürger aus Lugau einen Klafter (ca. 4–5 Raummeter) gespaltenes Holz. Wie er es im Holzboden aufgeschichtet hatte, schien der Teufel in seinem Haus los zu sein, denn eine unsichtbare Hand warf von diesem Tage an das Holz vom Boden herab, manchmal mitten durch die Stubendecke hindurch. Irgendwann trieb es das Holzgespenst derart schlimm, dass der im Haus arbeitende Schuhknecht und die Magd nicht zurückzuhalten waren und sofort auszogen.

Der Bürger schaffte nun das gespenstische Holz vom Boden herab und aus dem Haus. Mit Genehmigung des Stadtrats verbrachte er das Brennmaterial ins Leihhaus-Zimmer des Rathauses. Die Ratsherren glaubten ihm zwar nicht recht, wollten dem Spektakel aber ein Ende machen. Doch auch im Rathaus ging es darauf nicht mehr mit rechten Dingen zu, der Spuk setzte sich hier wie auch – sonderbarerweise – im Haus des Altenburger Bürgers fort. Das Gespenst trieb seinen Lärm immer weiter.

Die Mönchsbrücke

Die Sage berichtet, dass unter der Mönchsbrücke, der alten steinernen Brücke, die von Posterstein nach Nöbdenitz über die Sprotte führte, der geheime Ausgang eines unterirdischen Ganges von der Burg Posterstein gelegen habe. Dies war angeblich nicht der einzige geheime Gang, weitere sollen sich bis nach Crimmitschau, Ronneburg, Lohma, Nöbdenitz und Selka gezogen haben. Die Dorfbewohner seien manchmal durch diese Gewölbe gelaufen, hätten schön tapezierte Zimmer mit runden Tischen gesehen, doch plötzlich wäre aus Richtung der Burg ein kalter Luftzug gekommen und hätte das Licht ausgeblasen. Gegen 22 Uhr musste man aus den Gängen verschwunden sein, denn dann begann das Treiben der unterirdischen Bewohner.

Einmal trug es sich nun zu, dass zwei Postersteiner Bauern nachts an der Sprotte zum „Fischleuchten“ gingen. Es war gerade Laichzeit und die Fische hielten sich direkt am Ufer auf. Durch den Lampenschein waren sie geblendet und ließen sich leicht fangen. Plötzlich blieben die beiden Fischer wie angewurzelt stehen, denn sie erblickten auf der Brücke einen Mönch, der blütenweiße Wäsche im Wind flattern ließ. Als einer der beiden Bauern den andern fragte, ob er denn das Gleiche sehen würde, platschte etwas ins Wasser, und der Spuk war schlagartig verschwunden.

Es heißt, dass der Mönch (oder die „weiße Frau") in mondhellen Nächten, wenn Nebelschwaden aus den Wiesen steigen, noch heute an der Mönchsbrücke umgeht. Die Eingänge zu den unterirdischen Wegen sind inzwischen verschüttet, und kein Mensch vermag mehr zu sagen, wo genau sie sich einst befunden haben.

Am Sprottebach zwischen Nöbdenitz und Posterstein.

Ein Poltergeist in Nöbdenitz

Im Winter des Jahres 1666 hat es wohl im alten Zehm'schen Gut in Nöbdenitz, das damals nur von einem Hofmeister bewohnt war, gespukt. Ein Gespenst warf nachts die Ziegel vom Dach, polterte und schlug um sich, ward aber nicht gesehen. So ging es ein halbes Jahr. Als dann sogar ein Feuer ausbrach, war das Gut größtenteils zerstört und unbewohnbar. Das Gespenst jedoch war wohl in das Gut gebannt gewesen, denn es tauchte nie wieder auf.

Die Schmiede im Schlossberg zu Posterstein

Unter dem Turm der Burg Posterstein befand sich – tief in der Erde – eine verzauberte Schmiede, in der des Nachts allerhand gefertigt wurde, und zwar von purem Golde. Manche meinen, einer der Herren von Pflugk, in deren Besitz die Burg lange Zeit war, sei der nächtliche Schmied gewesen. Denn bestellte man bei ihm an dem einen Tag eine neue Kutsche, so stand sie schon am nächsten Tage auf dem Hof. Schirrten die Knechte früh ihre Pflüge an, so waren die Pflugschare immer frisch geschärft. Einmal gelang es einem der Knechte, die unterirdische Schmiede zu finden, doch als er wieder ans Tageslicht gelangte, war er nicht imstande zu erzählen, was ihm dort widerfahren ist und was er gesehen hat.

Der Blechmönch

Bei Grünberg erstreckte sich in den alten Zeiten ein größeres Gehölz. Darin hauste der sogenannte Blechmönch (in unserem Dialekt „Blachmönch"). Klein von Gestalt und hässlich von Angesicht, war der Zwerg mit dem struppigen Bart und wirren Haupthaar allerdings friedlich. Man erkannte ihn an dem winzigen runden Hütchen auf dem Kopf und dem grauen Mantel mit Kapuze. Er tat zwar niemandem etwas Böses, nur erschreckte er die Leute, wenn er, ohne zu sprechen, mit einem Mal erschien und genauso plötzlich wieder verschwand. Warum man ihn Blechmönch nannte, bleibt im Dunkeln.

Federmütz

In der Löpzig, einem Wäldchen zwischen Niedergrünberg und Ponitz, irrte in uralten Zeiten die „Feedermützenmeed" (Federmützenmagd) umher. Keiner wusste, woher sie kam und wohin sie ging. Schauerlich war ihr Anblick, denn auf ihrem alten runzligen Kopf trug sie eine langhaarige Bärenmütze mit Federn. Wenn es dämmerte, ging sie durch die Gehöfte der Dörfer, tat aber niemandem etwas. Doch wenn sie einer neckte und gar „Federmütz" rief, so war er noch im selben Jahr des Todes.

Das Graumännchen

In der Felsenhöhle am Grünberger Kirchberg hauste früher ein Männchen, das war grade mal gut einen Meter lang. Das kleine hässliche Geschöpf ließ sich tagsüber kaum sehen und trieb sich eher nachts draußen herum, weswegen es Graumännchen genannt wurde. Seinen richtigen Namen kannte niemand. Meist verfolgte es die Leute, die von Grünberg Richtung Gösau gingen. Wer ihm plötzlich gegenüberstand, der war entsetzt über dieses dürre Geschöpf mit den krummen Beinen, die in schmutzigen Hosen staken. Es trug stets einen jackettartigen Wams und mitten im Gesicht eine riesige Erdbeernase, auf der eine haarige Warze die andere zu verdrängen suchte. Sein struppiger Bart spießte nach allen Himmelsrichtungen, und unter dem sogenannten Saumagen, der damals typischen weiblichen Kopfbedeckung im Altenburgischen, die der Tunichtgut einer auf dem Feld arbeitenden Magd gestohlen hatte, lugten weiße Strähnen hervor.

In seiner Höhle hortete das Männchen allerhand Diebesgut. Als einmal ein furchtloser Bauernsohn die Höhle offen vorfand, schaute es hinein und sah im Schein einer schwelenden Ölfunsel ein riesiges Warenlager. Da lagen Pferdedecken, Wagenräder, vertrocknete Brote, Mistgabeln, Kerzen, Feldfrüchte und alle erdenklichen Gegenstände.

Das flinke Graumännchen spielte den Menschen der Umgegend manch üblen Streich. Machten die auf dem Feld arbeitenden Mägde am Waldrand Frühstück, dann kam es aus einem Busch hervorgeflitzt und strich den laut kreischenden Mädchen mit Brennnesseln über die nackten Waden. Den Bauern versteckte es die Ackergeräte und freute sich diebisch, wenn diese laut schimpfend danach suchten.

Am Marktsteig von Heyersdorf Richtung Crimmitschau hielt sich der Zwerg besonders gern auf. Er sprang den Marktfrauen auf die Kiepe, angelte Essbares heraus und verschwand dann laut plärrend im Unterholz. Das Graumännchen ging auch heimlich in die Ställe, melkte die Kühe und nahm sich „seinen" Anteil ab. Die Mägde indes waren insgeheim froh, beim Betreten der Ställe die gefüllten Eimer vorzufinden.

Eines Nachts schreckten die Grünberger aus dem Schlaf hoch, denn die Glocken hatten plötzlich stürmisch zu läuten begonnen. Alles stürzte wild gestikulierend auf die Dorfstraße hinaus; schon ging das Gerücht, ein Feuer sei ausgebrochen. Kurz darauf mussten die Bewohner Grünbergs jedoch einsehen, dass sie wieder Mal einem Streich des hässlichen Zwerges zum Opfer gefallen waren. Die Dorfobrigkeit wagte es nicht, gegen den Übeltäter etwas zu unternehmen. Es hieß nämlich, dieser stehe mit dem Leibhaftigen im Bunde und habe ihm seine Seele verschrieben. Ein Bauer aus Kummer wollte dies sogar bezeugen können.

Ein andres Mal lockte das Graumännchen einen in der ganzen Gegend gefürchteten Wilderer ins Garn. Der aus Bayern zugezogene Alois Sternhagel war ein böser, rauflustiger Mensch, wohnte in Brandrübel und bestritt sein Auskommen mit dubiosen Geschäften und Machenschaften. Der Förster des Frankenhausener Ritterguts verdächtigte ihn schon lange der Wilderei, doch konnte er ihm nichts beweisen. Er war schon reichlich verzweifelt, drohte ihm sein Herr doch jedes Mal mit Entlassung, wenn wieder ein kapitaler Bock im Revier in der Schlinge hing.

Eines Tages erwischte der Förster das Graumännchen beim Krautstehlen, und plötzlich kam ihm die rettende Idee. Statt den Dieb zu packen, hielt er seine Flinte im Anschlag und fragte: „Kennst du den langen Sternhagel?" Der vor Angst zitternde Zwerg bejahte das zögernd. Nach einigem Wortwechsel versprach er dem Förster, den baumlangen, breitschultrigen Wilderer fangen zu helfen. So blieb das Graumännchen an diesem Tag verschont. Es kannte die Schliche des Alois Sternhagel ganz genau. Schon am nächsten Tag traf es den Förster im Morgengrauen am Heyersdorfer Galgenbusch. Graumännchen war pünktlich zur Stelle und erhielt vom schon wartenden Förster eine lange Tabakspfeife und Tabak geschenkt. Paffend und dabei leise flüsternd machten sich die beiden auf den Weg. Nach einer kleinen Weile erreichten sie den vom Graumännchen bezeichneten Punkt. Der Zwerg legte sich in die Nähe einer wild aushängenden Schlinge und ahmte die Wehelaute eines in die Falle gegangenen Rehs nach. Der Förster blieb angespannt in seinem Versteck, musste doch nach Aussage des Graumännchens der Sternhagel gleich erscheinen. Und richtig, da knackte es im nahen Dickicht, und hervor trat Alois Sternhagel. Er spähte vorsichtig umher und schwang in seiner rechten Hand einen langen Hirschfänger. Als der Hüne die leere Schlinge erblickte, wurde sein Gesicht ziemlich lang. Und mit einem Mal spürte er einen harten Gegenstand im Rücken, den Flintenlauf des Försters. Kunstgerecht legte dieser dem langen Kerl die Hände in Fesseln – es hatte sich vorerst ausgewildert. Bevor der Förster dem Graumännchen danken konnte, war es im Dickicht verschwunden.

Danach ward das Männchen eine sehr lange Zeit nicht mehr gesehen. Ein alter Fidelspieler aber, der in Frankenhausen zum Tanz aufspielte, erzählte eines Abends in der Grünberger Schenke, dass er wisse, wohin das Graumännchen gegangen sei. Er schwor Stein und Bein, dass er eines Sonntags dem leibhaftigen Satan begegnet sei. Gegen ein Uhr nachts sei er vom Tanz nach Hause gegangen, und da habe er ihn gesehen. Der Leibhaftige hatte demnach ein laut kreischendes und wild zappelndes Männchen unter seinem flammroten Mantel getragen. Das könne schließlich der Grünberger Zwerg gewesen sein, meinte der Musikus.

Am nächsten Tag untersuchten die Grünberger die Höhle am Kirchberg näher und stellten fest, dass es stark nach Schwefel roch und der weiche Boden noch deutliche Spuren von Pferdehufen zeigte.

Der Pfaffengraben bei Ponitz

Im Pfaffengrund bei Ponitz ist es wahrlich nicht geheuer zugegangen. Dort unten gab es in früheren Zeiten eine kleine Kirche oder Kapelle, sogar mit Friedhof. Diese sei irgendwann mitsamt der Glocke versunken.

Wer nun Mut hatte, so hieß es früher, konnte dort zu mitternächtlicher Stunde ein Schauspiel beobachten. Geistergestalten warfen mit Totenköpfen, Irrlichter zuckten angeblich bald hier und bald dort auf, sodass man sich nicht mehr zurechtfand. Auch ein Furcht einflößender Mönch soll suchend und jammernd umhergangen sein.

Unheimliches bei Hainichen

Ein Knecht arbeitete auf den Feldern zwischen Gößnitz und Hainichen. Dabei musste er aufpassen, möglichst nicht ins gefährliche Radeland zu geraten. Als dies doch passierte, versank er im Sumpf. Seitdem geht er als Geist im Radeland um.

In der Nähe dieses Unglücksortes standen einst Grenzsteine, die von Rittern bewacht wurden. Wollte man an einem der Steine vorbei, rief der betreffende Ritter: „Hier geht kein Weg!“ Ging man trotzdem weiter, so wurde man aufgespießt. Allerhand Furchterregendes passierte also in der Gegend, die man Radeland nannte, daher gingen die Bauern nachts nie zwischen elf und ein Uhr dorthin. Für Diebe eine gute Gelegenheit: Zu dieser Nachtzeit wurde im Radeland gerne gestohlen. Einmal zog auch eine arme Frau los, um einen Korb voll Kraut zu holen. Als sie sich auf den Heimweg machen wollte, schlug es gerade Mitternacht. Mit einem Mal vermochte sie ihren Korb nicht mehr hochzuheben, so sehr sie sich auch anstrengte. Erst als es ein Uhr schlug, konnte sie sich selbst und ihren Korb von der Stelle bewegen.

Der sogenannte Sorbenturm bei Hainichen.

Nicht immer waren die Vorkommnisse geisterhafter oder geheimnisvoller Natur. Gefährlich ging es für Kaufleute zu, die früher von Zwickau nach Leipzig zogen. Im Radeland (dessen Name wahrscheinlich von den gerodeten Waldflächen herrührt) wurden sie von Raubrittern aus Hainichen überfallen und ausgeraubt. Oft landeten sie als Gefangene im Hainichener Sorbenturm.

Die Wüstung Zmietsch

In der Nähe der sogenannten Fichten in der Giebaer Flur (zwischen Gieba, Podelwitz und Zehma) befindet sich die Wüstung Zmietsch. Das einst hier gelegene Dorf, von dem die Sage erzählt, es sei in den Zmietsch-Teichen versunken, hieß früher Zmesch. Als die Hussiten im Januar 1430 Altenburg belagerten und anschließend auf dem Rückweg hier durchzogen, verließen die Bewohner den kleinen Ort und er fiel wüst.

Begeben sich Geweihte an besonderen Tagen zu den Teichen, so können sie die Häuser jenes Dorfes darin erblicken. Am heiligen Ostersonntag, so heißt es, klingt das feierlich-ernste Glockengeläut mahnend aus der Tiefe herauf.

Die versunkene Glocke

Auch Gieba blieb nicht verschont, als die Hussitenkriege tobten. Wie üblich in Kriegszeiten, wurde während der Belagerung in der Umgegend geplündert und geraubt. Um sich Lebensmittel zu beschaffen, zogen die Hussiten auch Richtung Gieba, dessen Bewohner sich allerdings in den nahen Tannicht geflüchtet und Vieh, Getreide und die meisten anderen Vorräte mitgenommen hatten. Die Feinde waren verärgert darüber, dass in dem anscheinend so reichen Dorf fast nichts Brauchbares zu finden war. Aus Rache plünderten sie alles, sogar die Kirche blieb nicht verschont. Als sie sich jedoch an der Glocke vergreifen wollten, hob sich diese – wie von unsichtbarer Hand getragen – aus dem Glockenstuhl, schwebte den Kirchberg hinab und verschwand in der Erde. Die zu Tode erschrockenen Hussiten ergriffen daraufhin die Flucht. Die Bewohner suchten später vergebens nach der Glocke, sie gruben alles um, aber nirgends war sie zu finden.

Einige Zeit danach sollte auf dem Fischer'schen Gute auf dem Kirchberg ein Schwein geschlachtet werden. Das arme Tier ahnte wohl, welches Schicksal seiner harrte und riss sich in Todesangst los, rannte den Berg hinunter und blieb abrupt stehen. Wie besessen fing das Schwein mit einem Male an zu wühlen – und wühlte die versunkene Glocke zu Tage.

Nach einem Sturz aus solcher Höhe war wohl ein Umguss der Glocke nötig, meinten die Giebaer. Also luden sie diese auf einen Wagen und spannten ein Pferd davor, um sie fortzuschaffen. Doch der Wagen bewegte sich nur äußerst langsam vorwärts. Vorm Dorf blieb er gänzlich stehen und rührte sich nicht mehr von der Stelle. Die Giebaer spannten weitere Pferde davor, doch es half nichts. Also beschlossen sie, umzukehren. Doch da geschah das Wunder: Eine alte gebrechliche Frau zog nun den Wagen mitsamt Glocke den steilen Berg hinauf.

Die Frau mit dem Sperling

Vor vielen hundert Jahren lebte in Rolika eine reiche Frau. Die Menschen behaupteten von ihr, sie trüge in ihrer Tasche immer einen kleinen Sperling bei sich.

Im Hause der Frau arbeitete eine junge Magd. Als ihre Herrin eines Mittags schlief, schaute die neugierige Magd in die Tasche und fand den Sperling. Dieser schien überhaupt keine Angst zu haben und schaute sie unverwandt mit seinen kleinen schwarzen Augen an. Da grauste es ihr und sie steckte ihn in den Stubenofen. In der folgenden Nacht wurde sie unsanft aus ihrem Bett geworfen. Vom schlechten Gewissen gepeinigt, erzählte sie der Frau, was sie getan hatte. Diese legte ihr ein merkwürdiges Buch unter das Kopfkissen, und in der nächsten Nacht blieb alles ruhig.

Dieses seltsame Buch hat die Magd später einmal beim Saubermachen entdeckt, und sie blätterte begierig darin. Wie sie so vertieft war, erhob sich vorm Fenster ein Tosen und Klatschen, ein anschwellendes Zwitschern, und die Sonne schien sich hinter einer dunklen Wolke zu verstecken. Das Fenster, das einen Spalt breit offen gestanden hatte, sprang mit einem Knall aus den Angeln. Ein gewaltiger Schwarm Sperlinge quoll daraufhin durch die Öffnung und ergoss sich in jeden Winkel des kleinen Raumes. Da sprang die Herrin herzu und fragte erschrocken: „Was hast du nur getan?“, riss der verängstigten Magd das Buch aus den Händen und las rückwärts darin. Da verschwanden die Sperlinge wie durch Zauberhand – bis auf einen, und den hat die Frau in die Tasche gesteckt.

Der Schlöps

Zwischen Zweitschen und Dobraschütz liegt ein riesiges Totenfeld aus slawischer Zeit, das trägt den Namen Schlöps. Vor undenklichen Zeiten stand in dieser Gegend am Gerstenbach ein Dorf namens Schlöppis. Im Frühmittelalter tobte dort ein Krieg zwischen den Sorben und den Franken. Sämtliche Häuser brannten nieder, die Bewohner starben auf grausame Weise. Noch vor über hundert Jahren fand man beim Graben in der blutgetränkten Erde Pfeilspitzen, Hufeisen, verrostete Schwerter, Totenschädel, auch von Kindern.

Die Sage berichtet nun gar wunderliche Dinge, die nach der Verwüstung des Ortes geschehen sein sollen. Besonders in dunklen und stürmischen Nächten kamen die Geister dieser armen erschlagenen Menschen hervor, die immer noch keine Ruhe gefunden hatten. Sie nahmen schauerliche Gestalten an und erschreckten einsame Wanderer. Feurige Hasen laugten zur Mittagszeit den Kuhhirten die Kühe und den Schafhirten die Schafe aus, zwischen den kahlen Bäumen am Wegesrand erschienen dreibeinige Kälber. Die Stelle war wegen ihrer Spukgeschichten fortan verrufen, ängstliche Gemüter wagten sich nur mit großer Furcht auf diese Wege.

Porzigs Loch

Noch heute fürchten sich manche, den Weg zwischen Braunshain und Dobitschen zu gehen. Nach ungefähr der Hälfte der Strecke trifft der Wanderer nämlich auf ein kleines Gehölz und einen im Halbdunkel der Sträucher liegenden Teich, Porzigs Loch. Das Hölzchen heißt „der Kramer", und das kleine Tal, durch das der Gerstenbach sich schlängelt, hat seinen Namen davon. An dieser Stelle nun soll etwas wahrhaft Gruseliges umgehen, sodass man wahrlich überlegen muss, den Weg über Lumpzig nach Braunshain zu nehmen.

Eines Tages erkrankte in Braunshain der Vater eines braven Bauern. Wie es nun am Abend immer schlimmer wurde, schickte er seinen Ältesten nach Dobitschen zum Doktor. Der lief, was er konnte, doch als er am Kramer angekommen war, dachte er unwillkürlich daran, was die Leute immer darüber erzählten. Es war eine mondhelle kalte Nacht und er konnte alles genau erkennen, was um ihn herum vorging. Am Hölzchen ging er betont langsam vorbei, wollte genau aufpassen und guckte sich nach allen Seiten um. Auf einmal schauerte ihn, er spürte regelrecht, wie die Kälte ihn erfasste: Vor ihm stand eine unförmige Gestalt mit einem Fischkopf, aus dem ihn ein Paar riesige runde Augen anglotzte. Er ging auf die Gestalt zu, die langsam rückwärts vor ihm her lief und ihn unentwegt weiter anstarrte. Er wollte umkehren, doch das ging nicht. Als würde ihn die Gestalt magisch anziehen, musste er immer weiter gehen. Das erschöpfte ihn derart, dass er fast zusammenbrach. Ihm kam es vor, als müsste er jeden Augenblick mit seinem Gesicht an die Fischschnauze stoßen. Mit Mühe und Not

Blick auf Porzigs Loch.

schleppte er sich weiter, kaum noch Kraft in den Beinen und Mut in den Knochen. Doch wie er am Kramer vorbei war, verschwand mit einem Schlag die Gestalt. Nun war es ihm leichter ums Herz. Er rannte, was er rennen konnte, bis nach Dobitschen hinunter. Beim Doktor in der Stube angekommen, hatte er gar keine Luft mehr zum Reden, japste und keuchte, brachte grad noch heraus, was er ausrichten sollte und stürzte hin auf einen Stuhl. Der Doktor ließ ihn in seinen Wagen tragen und fuhr gleich mit ihm nach Braunshain zurück. Dort musste er beide verarzten, den kranken Großvater und den Jungen. Jener ist sein Lebtag nicht wieder am Kramer vorbeigegangen.

Katzenmühle und Kobold

Vor vielen Jahren trieb ein unheimlicher Kobold in der Remsaer Mühle sein Unwesen. Nach 23 Uhr traute sich kein lebendes Wesen mehr in die Stube, denn dort rumorte der Gnom, schmiss die Tassen aus den Regalen und warf Stühle um. Der bedauernswerte Müller hätte sein Grundstück gern verkauft, doch fand sich verständlicherweise kein Käufer dafür.

Eines Tages klopfte es an der Mühle. Ein fahrender Künstler bat um Einlass, der mit einem Bären durch die Lande zog und ein Nachtlager brauchte. „Ja", sagte der Müller, „das kann ich dir geben. Nur wisse, in der Stube ist's nicht ganz geheuer. Da treibt es ein Kobold ziemlich arg." „Ach, mir macht das keine Angst", erwiderte der Künstler. „Mein vierbeiniger Gefährte wird mich schon beschützen."

Die elfte Stunde war kaum vorüber, da erschien mit einem Mal der hässliche kleine Kobold in der Stube und näherte sich dem Fremden. Doch der Bär wusste seinen Herrn gut zu verteidigen und richtete das geisterhafte Geschöpf übel zu. Unverrichteter Dinge musste der Kobold dieses Mal das Feld räumen. Wie groß war des Müllers Erstaunen am anderen Morgen, als er seine Gäste friedlich schlafend vorfand. Und hocherfreut vernahm er die frohe Kunde, dass der Kobold aus der Stube verjagt war.

Während des Tages hatte der Müller nun einiges zu schaffen. Als er am Wehr seiner Mühle zugange war, vernahm er eine garstige Stimme: „He, Müller, hast du noch deine große schwarze Katze im Haus?" Dem Müller schwante schon, wer ihn da rief, und so antwortete er mit List: „Ja selbstverständlich, die hat ja heute Nacht erst neun Junge geworfen und bleibt von jetzt an immer im Haus." Ein grässlich langgezogenes „Uuuuuh" hallte durch den Mühlengrund und die Stimme schrie entsetzt: „Dann komme ich nicht mehr zu dir!" Der Kobold hielt Wort: Fortan hat er sich nie wieder in der Mühle zu schaffen gemacht. Der Müller indes war glücklich, diesen Plagegeist endlich los zu sein.

Das blaue Licht am Teich

Die Sage führt uns nun nach Altkirchen. In dem Dorf gibt es einen Teich, an dem sah man nachts oft ein unerklärliches blaues Licht. Es heißt, dass sich während des grauenvollen Dreißigjährigen Krieges, der auch die Ortschaften rund um Altenburg und Schmölln nicht verschonte, ein Mädchen aus Altkirchen in einen Offizier verliebte. Der Offizier erwiderte diese Zuneigung, und dank dieser Verbindung hatte Altkirchen keine Plünderungen mehr zu befürchten. So ging es eine ganze Weile mit dem Hauptmann und dem Mädchen. Eines Nachts spazierten die Liebenden bei Vollmond am Ufer des besagten Teiches entlang. Mit einem Mal tauchte eine grünschillernde Gestalt aus der dunklen, bis dahin spiegelglatten Wasserfläche auf. Die Nixe griff nach den Beinen des Mädchens und zog es mit einem unerbittlichen Ruck ins Wasser. Der Hauptmann versuchte verzweifelt, seiner Geliebten zu helfen. Doch vergebens. Das Mädchen tauchte nicht wieder auf, auch die Nixe verschwand in den schwarzen Tiefen des Wassers. Zurück blieb nur das fahle Spiegelbild des Mondes auf dem Teich. Der Hauptmann wusste sich keinen Rat und sprang aus Verzweiflung ebenfalls ins Wasser. Als der Morgen graute und die Dorfbewohner nach dem Liebespaar suchten, fanden sie den toten Hauptmann am Ufer. Von da an zeigte sich dann und wann jene geheimnisvolle blaue Lichterscheinung am Teich. Manche sagten, es sei der Geist des traurigen Hauptmanns, der immer noch nach dem Mädchen sucht, andere meinten, es handele sich um die Seele des Mädchens, das nach ihrem Geliebten Ausschau hält.

Unheimliche Gäste in Monstab

Einst lebte im Dörfchen Monstab ein Bursche zusammen mit seinem Bruder in einem Haus, der war eigentlich recht abenteuerlustig. Nun überkam ihn eines Nachmittags die Langeweile und er stöberte in den Schränken herum. Da fiel ihm ein uraltes Buch in die Hände, das viele rätselhafte Zeichen enthielt. Er blätterte durch die Seiten und fühlte sich plötzlich beobachtet. Als er zum Fenster schaute, stand davor ein schwarzer Mann mit lachendem Gesicht. Der Bursche fragte, was er denn wolle, doch der Mann sagte keinen Ton. Erschrocken blickte der Bursche, der wie von unsichtbarer Kraft an der Stelle festgezaubert war, sich um: Zu jedem Fenster schaute ein unheimlicher Gast herein. Es kam noch schlimmer: Fenster und Türen sprangen mit lautem Krachen auf, all die schwarzen Gestalten traten herein, Raben und andere schwarze Vogelarten schienen sie zu begleiten. Von Angst überwältigt, rief der arme Mann verzweifelt um Hilfe. Als sein Bruder endlich nach Hause kam, holte der den Oberpfarrer. Doch auch ihm war es nicht möglich, den Spuk zu bannen. So ließen sie einen Priester aus Altenburg kommen. Dem gelang es, die schwarzen Gäste, bis auf einen, zu verscheuchen. Da zog der Priester seine Bibel aus dem Mantel. Schlagartig und unter fürchterlichem Getöse entfloh auch dieser Gast durch den Schornstein. Zurück blieb ein intensiver, schwefliger Geruch.

Wie nun der böse Spuk endlich vorbei war, ließ sich der Priester das verzauberte Buch aushändigen. Er erkannte, dass es das 6. und 7. Buch Mosis war. Mit der Bibel habe das nichts zu tun, erklärte der Priester dem verwunderten Burschen. Vielmehr handele es sich um ein magisches Buch voller Zaubersprüche und Hausmittelrezepte. Es ward nie wieder gesehen in Monstab.

Das Holzmännel und der Bader

Zwischen Ronneburg und Schmölln wohnte und arbeitete damals ein Bader (auch Stübner genannt). Bei dem klopfte es eines Abends ganz zaghaft ans Fenster und eine feine Stimme bat um Hilfe. Wie nun der Bader hinausschaute, erblickte er ein kleines graues Holzmännlein, das sich auf einen Stock stützte. Es sprach zu dem erschrockenen Bader: „Hab bitte keine Angst, mein armes Weiblein hat den Arm gebrochen.“ Da ging der Bader mit, denn die Bader waren seit den mittelalterlichen Zeiten die „Ärzte der kleinen Leute“. Wenn diese sich keinen studierten Arzt leisten konnten (der zudem nicht gerne Verletzungen behandelte), gingen sie zum Bader. Wenn der Zahn schmerzte, das Auge nicht recht sehen wollte oder eben etwas gebrochen war, dann half der Bader, der sonst im Badehaus für die Körperpflege zuständig war.

So liefen sie also gemeinsam los und gelangten nach einer Weile zu einem kleinen Waldstück, dort stand das Haus des Holzmännels. Mit geübten Griffen legte der Bader einen Verband an und schiente den Arm der kleinen Frau. Noch dreimal musste er im Laufe der nächsten Tage den Verband wechseln. Als der Arm wieder gesund war, gab das Holzmännel dem Bader als Lohn fünf Taler und sagte Lebewohl. Später ging der Bader aus Neugierde noch einmal in diesen Wald und wollte nach dem Holzmännel und seiner Frau schauen. Doch fand er weder den Weg noch das Haus wieder.

Die Höhle im Wolfenholz

Nur wenige Menschen wissen, dass das Wolfenholz, eine Gegend zwischen der Stadt Altenburg und dem heutigen Stadtteil Rasephas, in alter Zeit sehr gefürchtet war. Kaum jemand traute sich früher, daran vorbeizugehen. Es standen dort auch zahlreiche große Pflaumenbäume, doch niemand wagte, auch nur eine Frucht zu pflücken oder aufzuheben. Die Stadtbewohner mieden diesen unheimlichen Ort, denn es hieß, im Wolfenholz befände sich eine Höhle. Darin, so glaubten die Menschen, hausten die gebannten Geister von Verstorbenen, die keine Ruhe gefunden hatten.

Die Sage berichtet nun von folgendem Ereignis: Um das Jahr 1790 herum hatte ein Bürger ein Vorwerk auf der Pauritzer Gasse. Als sein Ende gekommen war, fand seine Seele keine Ruhe und er ließ sich sogar – was höchstungewöhnlich war – am helllichten Tag sehen, strich in den Gärten, auf Wiesen und Feldern umher. Dabei schüttelte er sich mit lauten Drohgebärden und verbreitete Angst und Schrecken unter der Bevölkerung.

Damals gab es in Altenburg einen Scharfrichter, der es als Einziger verstand, die Seelen der unruhigen Toten zu verbannen. Als er von den schrecklichen Vorfällen hörte, machte er sich auf, den Geist aus der Stadt zu schaffen. Und tatsächlich: Binnen weniger Tage hatte er ihn in die Höhle am Wolfenholz getrieben.

Das Vorwerk bekam bald darauf einen neuen Besitzer, der entdeckte am Eingang unter der steinernen Treppe ein Gewölbe. Aus Furcht ließ er es zumauern lassen. 1794 wechselte der Besitzer des Vorwerks erneut. Dieser öffnete mit einigen Gehilfen den zugemauerten Eingang zum Gewölbe wieder. Dabei entwich die so lange verschlossen gewesene Luft und alle, die bei der Öffnung zugegen gewesen, starben in ganz kurzer Zeit – so wurde es erzählt.

Gespenstergeschichten

NACH ERNST DAUBE

In unserem schönen Altenburger Land gibt es viele Flecke, an denen es nicht recht geheuer ist und wo es umgehen soll. Schon manchem, der nicht an Gespenster geglaubt hat und der auch nicht furchtsam gewesen ist, ist einmal etwas passiert, über das er sich nicht hinwegsetzen konnte. Und mancher, der sich über andere lustig gemacht hat, erlebte dann selber einmal etwas, was ihm das Blut in den Adern gefrieren ließ. Und er hat sich's nicht erklären können.

Da war einmal auf einem Dorf bei Lucka ein Schulmeister, der fürchtete sich vor keinem Teufel und der ging zu jeder Zeit in der Nacht, wenn es gerade der kürzeste Weg war, an gefährlichen Stellen vorbei, wo sich sonst kein Mensch hin traute.

Abends hielt er sich manchmal in einem anderen Dorf auf, in dem er Bekannte hatte und mit denen er gerne mal ein Töpfchen Bier trank. Heimwärts nahm er natürlich den kürzesten Weg, und der führte am Friedhof vorbei. Nie war ihm dabei irgendetwas widerfahren, nur einmal war es gerade Mitternacht, als er auf dem Fußweg am Friedhofszaun entlangging. Da raschelte es drinnen hinter dem Zaun. Der Schulmeister stutzte und dachte: „Der Sache willst du doch mal auf den Grund gehen", und schlich sich vorsichtig an den Zaun. Als er am Friedhofstor anlangte, stand dieses sperrangelweit auf. Er wunderte sich, wer da um Mitternacht auf dem Friedhof noch etwas zu suchen hatte, und kroch vorsichtig auf allen Vieren am Zaun entlang. Plötzlich gewahrte er an einem frischausgehobenen Grab zwei Gestalten, die miteinander flüsterten.

Sachte schlich er weiter und war fast am Grab angekommen, doch die beiden hatten noch nichts bemerkt. Da sprang der Schulmeister mit einem Mal auf und herrschte die beiden mit seiner kräftigen, tiefen Stimme an: „Was habt ihr hier zu suchen?"

Da standen sie nun, die Unglücksraben, die Knie schlotterten ihnen, der eine hatte vor Schreck einen Topf aus der Hand fallen lassen und stotterte: „ Herr Schulmeister, nehmen sie es uns bitte nicht übel. Wir besorgen uns bloß ein bisschen Dreck – wir haben, nun ja, zu Hause in unserem Garten alles voller Erdflöhe. Die sollen ja vergehen, wenn man um Mitternacht von einem frischen Grab ein bisschen Dreck holt und auf die Beete streut."

Der andere beteuerte: „Ja, Herr Schulmeister, ich bin bloß mitgegangen, weil Lurze sich alleine so schrecklich fürchtete."

Da ließ der Herr Schulmeister aber ein Donnerwetter los. Er wusch ihnen die Köpfe ordentlich und vertrieb so ihren Aberglauben. Sie mussten ihm versprechen, in ihrem Leben nie wieder so etwas zu machen. Es gab ja noch viel mehr Leute, die solches Zeug glaubten, aber die beiden jungen Burschen, die der Schulmeister auf dem Friedhof erwischt hatte, waren gründlich geheilt.

***

Ob es in der nächsten Sage nur Aberglaube war, der den teuflischen Vorgängen zum Leben verhalf, das sei dahingestellt. Unheimlich und lebensgefährlich ging es dennoch zu.

In den Roten Bergen, einem Wald bei Ronneburg, lebte früher ein Scharfrichter, dessen Frau einen Drachen besaß. Wie sie nun starb, versäumten es die Hinterbliebenen, ihren Leichnam auf den Mist zu legen. Nun können aber Leute, die einen Drachen besitzen, nicht sterben, wenn ihr Leib nicht auf den Mist gelegt wird. Die armen Seelen sind dazu verdammt, als Gespenst umzugehen. Das war auch der Fall bei der Scharfrichtersfrau, die Wildtrude hieß. Sie ging von da an in dem kleinen Walde um und erschreckte die Leute.

Wenn nun im Sommer die Heidelbeeren reif waren, zogen die Kinder oft hinaus in Wildtrudes Wald, wo die Heidelbeerbüsche dicht an dicht standen und so voll hingen, dass gar nicht jede der prallen blau-lila Früchte in den mitgebrachten Korb passte. Begierig stopften die Kinder sie sich in den Mund und konnten gar nicht genug kriegen. Doch alleine durfte keines von ihnen in den Wald hinausgehen.

Noch heute sagt man den Leuten, die zum Wald unterwegs sind: „Gib keine Antwort, wenn du gerufen wirst!" Denn früher ist mancher um sein Leben gekommen, der dem rätselhaften Rufen gefolgt ist.

Einmal ging ein Ronneburger Schulmeister mit seiner Schulklasse eben zur Heidelbeerzeit hinaus in die Roten Berge. Einer der Schüler war dann so ins Beerensuchen vertieft gewesen, dass er sich verlaufen hatte. Er wusste nicht mehr wohin und lief mutterseelenallein in dem Wald herum. Plötzlich hörte er jemanden seinen Namen rufen. Natürlich hat er geantwortet – und war verloren. Wieder und wieder hörte er seinen Namen, und immer weiter lief er dem Rufen nach, bis ihn seine kleinen Beinchen kaum noch zu tragen vermochten. Furchtbare Angst ergriff ihn, er schaute nach oben, über den hohen Wipfeln der sich hin und her wiegenden Bäume war aus dem freundlichen Himmelblau inzwischen ein samtschwarzer Teppich geworden. Und er lief und lief immerzu, panisch rufend und weinend. Er stolperte in dem finsteren Wald über Wurzeln und Grasbüschel und fand nicht mehr heraus. Und wie es Nacht wurde, rief es immer noch.

Die anderen indes hatten gar nicht gemerkt, dass ein Kind fehlte, und waren gegen Abend fröhlich zurück nach Ronneburg gewandert. Dort warteten schon die Eltern auf die laut schnatternde Bande mit ihren blauen Mündern und wollten die Kinder mit nach Hause nehmen. Bloß die Eltern des kleinen Jungen liefen angstvoll umher und fragten, wo denn ihr Albert geblieben sei. Erschrocken suchten alle nach ihm, doch kein Mensch fand den kleinen Albert und konnte den Eltern auf ihre ängstlichen Fragen eine Antwort geben. Die verzweifelte Mutter jammerte und schrie ohne Unterlass: „Unseren Albert hat die Wildtrude gerufen!"

Der Vater indes machte sich kurzentschlossen mit anderen Leuten auf, und sie zogen mit ihren Laternen des Nachts hinaus zu den Roten Bergen. Da suchten sie den ganzen Wald ab und riefen Albert beim Namen. Im Morgengrauen dann, als sie schon dachten, es wäre alles umsonst gewesen, fanden sie den kleinen Jungen an einem Teich. Er lag erschöpft am Ufersaum, und war zum Glück nicht weitergelaufen im Dunkeln, sonst wäre er sicher ins Wasser gestürzt und ertrunken.

Es war höchste Zeit, dass die Männer den kleinen Körper in eine Decke wickelten und den Jungen heimbrachten. Dort lag er viele Wochen in seinem Bett und rang mit dem Tode. Als er endlich wieder gesund war, da erzählte er, wie ihn die unheimliche Wildtrude im Wald gerufen hatte.

***

Nicht nur die Wildtrude war mit einem Drachen umgegangen. Es gab damals noch mehr Leute, die mit dem Leibhaftigen zu tun hatten, denn nichts anderes waren diese Drachengestalten.

Irgendwo zwischen Burkersdorf und Sommeritz ging einmal ein Mann um, der zu Lebzeiten auch einen Drachen besessen hatte. Wie er nun gestorben war, passierte das Gleiche wie bei der Wiltrude: Man vergaß, ihn auf den Mist zu legen. Doch dieser Mann fand seinen Meister in einem Zauberer. Der machte den Geist fest und verzauberte ihn in einen Baumstamm, der im Wald liegenblieb. So war das Dörfchen lange Zeit von dem Geist erlöst.

Eines schönen Herbsttages kam eine Frau in den Wald und wollte Reisig lesen. Da rief sie jemand beim Namen. Verwundert schaute sie sich um und erblickte auf einem Baumstumpf ein altes, dürres Männchen, das ihr seine verhutzelte Hand entgegenstreckte und schrie:

„Nimm die Hand und hilf mir los!" Die Frau wusste nicht recht, was sie davon halten soll und traute sich nicht, zuzugreifen. Da schrie das Männchen wieder:

Auf dem Weg Richtung Burkersdorf.

„Greif endlich zu!“

Die verängstigte Frau fragte mit belegter Stimme: „Wozu denn, kommst du nicht alleine los?“

„Jetzt greif doch zu und hilf mir los!“, schrie das verärgerte Männchen zum dritten Mal.

Die Frau stand ratlos auf der Stelle: Sie wollte das Männchen nicht berühren, ihm aber dennoch helfen. Mit einem Mal fühlte es sich an, als zöge etwas an ihrer Hand. Kaum hatte sie das Männchen angefasst, da hüpfte es kichernd von seinem Sitz herunter und sauste wie wild geworden zwischen den Bäumen durch und aus dem Wald hinaus.

Die Frau jedoch hatte alle Kraft verloren und kam halbtot heim ins Dorf. Seit der Zeit nun war der Geist wieder da, denn sie hatte ihn losgelöst von seinem Zauber. Er ging wieder so um wie zuvor, und dieses Mal mussten sie ihn auch behalten, denn der Zauberer, der ihn einst gebannt hatte, war schon lange tot, und ein anderer im Ort verstand sich nicht darauf.

***

In einem Dorf in der Nähe von Altenburg lebte eine Frau, die ihren Lebensunterhalt damit verdiente, Semmeln in andere Dörfer zu bringen. Auf einem ihrer Gänge traf sie ein Gespenst. Sie glaubte jedenfalls steif und fest daran, dass sie einen richtigen Geist gesehen hatte.

Der Vorfall ereignete sich in der Weihnachtszeit, als der Schnee kniehoch lag. Die Menschen litten unter der jämmerlichen Kälte, wie sie sie seit vielen Jahren nicht mehr erlebt hatten. Kaum einer ging vor die Tür, wenn es nicht sein musste. Doch die gute Semmelchristel schaffte tagein, tagaus ihre Semmeln fort und stapfte durch den Schnee zu all den Dörfern, die sie abklapperte. Seit vielen Jahren schon trug sie die Semmeln aus und verstand sich auf ihr Geschäft. Sie fürchtete kein schlechtes Wetter: Mochte es noch so regnen und schneien, die Semmeln kamen immer an – auf die Semmelchristel war Verlass.

Doch seit dem besagten Weihnachtsfest traf man sie mit einem finsteren Gesicht, wenn sie loszog. Und wenn sie wiederkam, weinte sie wie ein kleines Kind. Fragte man sie, was ihr denn Schreckliches passiert wäre, wollte oder konnte sie es nicht sagen. Kein Wort brachte man aus ihr heraus. Das ging drei Tage so, und keiner konnte sie dazu bewegen, etwas zu sagen. Die Bäckergesellen vermuteten schon, dass sie etwas gesehen hatte und boten der Christel an, vielleicht einmal mitzugehen. Da war die Semmelfrau froh und sagte, sie brauchten nur bis zum ersten Dorf mitzukommen. Und so machten sie es.

In aller Herrgottsfrühe, gegen halb 5, machten sie sich auf den Weg. Die Luft war so frostig, dass ihre Atemwölkchen beinahe gefroren, und der Mond schien hell genug, dass man draußen alles genau erkennen konnte. Die beiden Bäckergesellen waren starke Kerle und hatten sich mit Knüppeln bewaffnet. Sie waren darauf gefasst, einem richtigen Geist zu begegnen und schauten sich nach allen Seiten um. Doch war nichts zu hören und zu sehen. Wie sie nun beim ersten Dorf ankamen, lachten sie die arme Semmelchristel aus und gingen allein zurück.

In den darauffolgenden Tagen hatte die Semmelfrau wieder ein freundliches Gesicht, denn ein Geist war ihr nicht mehr begegnet. Wie nun neun Tage rumgegangen waren, ohne dass etwas passierte, erzählte sie dann doch, was sie gesehen hatte. Bislang hatte sie nur um ihr Leben gebangt, denn es hieß, dass man übernatürliche Erlebnisse, die einem widerfahren, niemandem verraten dürfe. Sonst kämen die Geister des Nachts und würden einem den Hals herumdrehen.

Doch Christel hatte Mut gefasst und erzählte ihre Geschichte:

Es war noch nicht allzu lange her, da hatte sich im Nachbardorf einer aufgehängt, der seines Leben schon lange überdrüssig und zu keinem Dienste mehr nütze gewesen war. Als die Christel nun eines Morgens zu dem Dorfe hinüber und an den Feldern jenes erhängten Mannes vorbei musste, da war auf einmal der Gehängte auf sie zugelaufen. Der Strick baumelte wie ein Schlips um seinen Hals, die Sense trug er auf dem Buckel. Er habe haargenau so ausgesehen wie zu seinen Lebzeiten und lief – ohne ihr etwas anzutun – an der Christel vorbei und zu seinen Feldern hinunter.

Diese Erscheinung war der Semmelfrau drei Tage lang begegnet. Jeden anderen hätte solch ein Erlebnis mit Furcht erfüllt, aber die Christel war eine beherzte Frau, mochte sie noch so klein sein. Wer oder was wirklich hinter dem Geist steckte, vermochte niemand zu sagen. Vielleicht war es ihr Semmelkonkurrent in dem Dorf, der sie foppen wollte?

***

Eine eher lustig-geisterhafte Begebenheit widerfuhr einst einem Rittergutsbesitzer im Altenburgischen. Der hatte im Dorf einen sehr guten Freund, einen Kaufmann, den er oft besuchte und mit dem er manchen gemeinsamen Abend zubrachte.

Nach einem solchen fröhlichen Abend ging er nun heim, um sich zur Ruhe zu begeben. Als er aber die Treppe zu seinem Herrenhaus hochsteigen wollte, da erblickte er auf der obersten Stufe eine große weiße Gestalt, die, als wollte sie ihn niederschlagen, einen langen dürren Arm ausgestreckt hielt. Die Gestalt sehen, die Beine unter die Arme nehmen und laufen, was das Zeug hält, das war eins bei dem zu Tode erschrockenen Rittergutsbesitzer.

Der Kaufmann im Dorf hatte schon den Schlafrock übergeworfen und das Nachtlicht in der Hand, da stürzte sein Freund leichenblass zur Tür herein, warf sich aufs Sofa und sagte mit zitternder Stimme: „Ich kann nicht hinein. Heute nicht ... du musst mich über Nacht hier behalten, vor meiner Tür steht ein Geist."

Der Kaufmann lachte laut auf und meinte: „Ich glaub im Leben nicht an Gespenster, und du doch auch nicht! Pass nur auf, du schläfst heute zu Hause. Alles wird gut sein!"

Noch während er so sprach, nahm er einen großen Knüppel, reichte seinem Freund auch einen, und dann gingen die beiden gemeinsam hinüber zum Rittergut, der Kaufmann natürlich entschlossen vorneweg.

Und richtig, an der Treppe angekommen, stand das Gespenst immer noch da oben. Es hatte sich kein bisschen bewegt. Als der Kaufmann das sah, stürmte er wutentbrannt die Treppe hoch und schrie: „Na warte Freundchen, dir wollen wir schon helfen!"

Dann drosch er auf das arme Gespenst ein, was das Zeug hielt. Sein Freund – ermutigt von diesem Anblick – stürzte hinzu und half mit, das Gespenst zu verprügeln. Das Gespenst jedoch rührte sich nicht von der Stelle, fiel dann plötzlich um und kullerte die steile Treppe hinunter.

Da bekamen es die beiden Freunde mit der Angst zu tun, denn sie dachten, sie hätten einen Menschen geschlagen. Rasch holten sie eine Laterne aus dem Haus, stürmten die Treppe hinunter und wollten sich den armen Kerl ansehen. Wie sie nun so leuchteten, erkannten sie, dass das verprügelte Etwas vor ihnen eine Strohpuppe war, eingewickelt in alte Lumpen und ein großes weißes Tuch. Dieses Gespenst jedenfalls hatten sie kurz und klein geschlagen.

Erleichterung machte sich breit – und Erheiterung. Plötzlich schauten sich die beiden an, und prusteten los, lachten, was sie lachen konnten, dass der ganze Hof widerhallte.

Doch etwas klang dabei ganz anders als der Widerhall ihres eigenen Lachens. Da lachte doch noch jemand mit? Wie sie sich umsahen, erblickten sie zwei Gestalten, die sich beim Hoftor herumdrückten und dann aus dem Staub machten.

Der Rittergutsbesitzer war seit jenem Vorfall gründlich von seiner Gespensterfurcht kuriert.

Bräuche und Begebenheiten

Merkwürdige und abergläubische Sitten der Altenburgischen Bauern

Ohne Zweifel zählte Vieles, was die Bauern im Altenburgischen noch im 18./19. Jahrhundert als Sitten und Zeremonien pflegten, zu einer vom Aberglauben geprägten Gedankenwelt, war aber bei ihren Festen und Ereignissen genauso zu beobachten. Diese Nachfahren der alten, das Osterland bewohnenden Sorben und Wenden hatten wahrlich seltsame Gewohnheiten bei ihren Hochzeiten, Gesindemieten, Beerdigungen und anderen Anlässen, von denen wir zur Veranschaulichung nur einige herauspicken wollen.

Sagenhaft sind dabei oft die an diese Gebräuche geknüpften Vorstellungen. Sollte doch mit einem bestimmten Verhalten das Böse abgewehrt und das Gute eingeladen, geradezu beschworen werden. Und so manches hat sich doch tatsächlich bis in unsere Tage erhalten und in unserem Unterbewusstsein eingenistet, als liebenswertes kleines Verbindungsstück zur Welt unserer Vorfahren.

Für die Hochzeit – das heute sogenannte schönste Fest des Lebens – galten mehrtägige Verhaltensvorschriften, denn solch ein Fest war früher nicht an einem einzigen Tag abgehakt. Und alles war genau zu befolgen, damit das Glück im Haus der Frischvermählten Einzug hielt.

Vor der Hochzeit durfte der Bräutigam die Braut natürlich nicht sehen, das brachte Unglück. Vielmehr wartete die Braut zusammen mit dem Ortsgeistlichen im Hochzeitshaus auf ihren Zukünftigen. Derselbe erschien mit seinem Freiwerber und Beistand vor der Stubentür, klopfte an und ließ sich durch den Brautdiener anmelden. Er trat dann mit seinen Begleitern in die Stube, bat den Prediger, die Braut zur Kirche führen zu dürfen. Der Geistliche hielt nun eine mahnende Gegenrede, danach ging es zur Kirche. Nach der Trauung umrundeten die Brautleute den Altar als Zeichen dafür, dass im Mittelpunkt ihres Lebenskreislaufs Jesus Christus stand. Beim Hineinlaufen in die Kirche warf man Kuchenstücke und Geld unter die Zuschauer. Beim Auszug aus der Kirche hielten diesselben Leute den Bräutigam auf, bis er ihnen etwas Geld zugeworfen hatte. Zu Hause musste die Braut während der ersten Mahlzeit einen langen Mantel umlegen, den viele Falten zierten. Vor die Brautleute setzte man zuweilen zwei brennende Lichter und gab Acht, welches von ihnen am schnellsten abnahm. Abends beim Hochzeitstanz musste der Bräutigam mit der Brautmutter tanzen, dann kamen der Brautdiener und die Braut dran, die solange tanzten, bis sie den Mantel fallen ließ. Das nannte man „den Mantel abtanzen".

Nach dem Tanz und wenn die Brautleute in der Schlafkammer angelangt waren (zuerst begab sich der Bräutigam dorthin, danach führten der Brautdiener und viele Verwandte die Braut dorthin), legte die Brautmutter einen dünnen Kuchen aufs Bett, den die Umstehenden mit den Händen zerschlugen und dabei riefen: „Soviel Stückchen – soviel Püppchen!" Ein Ritual also, um eine große Kinderschar zu sichern. Am nächsten Tag musste die Braut unter

Hochzeitspaar in typischer Altenburger Bauerntracht.

dem Kranz eine gestrickte Haube tragen und der Bräutigam ein neues Hemd – ein Zeichen für die neue und gemeinsame Zeit als Eheleute. Am dritten Tag endlich nahmen die Brautleute die Hochzeitsgeschenke in Empfang. Die Braut war dabei wieder in den langen Mantel gewickelt, der wohl symbolisch für den noch währenden Schutz des elterlichen Hauses stand. Die Übergabe der Geschenke geschah in strenger Abfolge. Es war ein höfliches Schenken und Bedanken, ein Abbild des hoffentlich immerwährenden Gleichgewichts von Geben und Nehmen. Auch Kuchen und Trunk wurden gereicht, die Spielleute geigten viele schöne Lieder während der Schenkzeremonie. Dann tanzte der Brautdiener mit der Braut, die erneut den Mantel fallen lassen musste. Nach einigen weiteren lustigen Stunden im Hochzeitshaus verabschiedete sich die Braut von ihren Eltern und begab sich mit ihrem Bräutigam zu dessen Haus. Auf dem Wagen musste sie ganz vorn bei den Pferden stehen und sowohl einen Schleier als auch den Hut des Bräutigams auf dem Kopf tragen, was andeuten sollte, dass sie dem Mann untertan war. Der Bräutigam lenkte nun das Gespann und fuhr im Hof dreimal im Kreis herum, während die Spielleute auf dem Wagen standen und geigten. Kam die Braut ins Haus des Bräutigams, so hieß er sie, in das Ofenloch zu gucken – den Mittelpunkt ihres neuen

Zuhauses. Auch hier wurden allerhand Glückwünsche dargebracht und man hielt noch einen Schmaus ab.

In den Häusern und auf den Höfen gab es früher Knechte und Mägde. Während der Zwölfnächte (den sogenannten Rauhnächten, einer magischen Zeit zwischen den Jahren also) endete ihr Dienstjahr und das neue konnte beginnen. Wenn sie nicht in ihrer alten Herrschaft blieben, so standen sie auf dem Markt und die Hausväter und Hausmütter gingen herum, um sie einzeln in Augenschein zu nehmen. Die Hausmütter warfen den Mägden das sogenannte Mietgeld vor die Füße und passten auf, wie schnell diese es aufhoben. Daraus wollten sie erkennen können, ob der künftige Dienstbote oder die Magd hurtig oder eher faul war. Zog eine neue Magd ins Haus ein, setzte sie sich in der Stube ihres Herren so hin, dass sie nicht zur Tür blicken musste. Es hieß nämlich, der Dienst werde nicht lange währen, wenn sie gleich beim ersten Mal die Augen nach der Tür wendete. Die Hausmutter servierte traditionell eine gute Mahlzeit zur Begrüßung, welche Wandersuppe genannt wurde.

Zu guter Letzt noch ein Wort zur letzten Reise eines Menschen. Wenn bei den Bauern im Altenburgischen ein Mensch verschieden war, so öffneten sie rasch die Fenster, damit die Seele ungehindert davonfliegen konnte. Die Leiche setzte man später unter freiem Himmel auf den Hof, die Trauernden standen dahinter. Hatte man den Toten aus dem Hause getragen, musste derjenige, der im Hause blieb, selbiges mit einem Besen gründlich auskehren und diesen dann zur Tür hinauswerfen. All dies geschah, damit der Weg des Toten aus dem Diesseits gelänge und nichts zurückblieb, was hätte umgehen können.

Der Hundekönig zu Schmölln

Im Sprottestädtchen Schmölln lebte zum Ende des 18. Jahrhunderts ein armer Mann, der hieß mit Nachnamen König und verdiente sich seine Brötchen mit der Aufzucht von Hunden, die er an die Bauern in der Gegend verkaufte. Dieses Gewerbe brachte ihm den Spitznamen „Hundekönig" ein. Für gewöhnlich führte er immer sieben oder acht Hunde mit sich. Als er am 6. Juni 1795 aber ins Altkirchner Kirchspiel kam, lief nur ein Hund an seiner Seite. Sein Ziel war an jenem Tag das Gut des Bauern Meuche in Gimmel, dessen Kühe im Hofe herumstanden und den Fremden mit großen gutmütigen Augen anschauten. Ob nun König seinen Hund aufgestachelt hatte oder dieser von allein auf die Kühe loshetzte, ist nicht bekannt. Der Hund jedenfalls erschreckte eine Kuh, die gerade ein kleines Kälbchen bei sich hatte. Sie widerstand der Attacke des Hundes und rannte schnaubend auf ihn zu. Der Hund aber versteckte sich winselnd hinter seinem Herrn, den die Kuh nun statt seiner auf die Hörner nahm und an die Wand bohrte. Binnen einer Stunde verstarb König noch auf dem Hof.

Wie das Dorf Kummer gegründet wurde

Einst – es muss zum Ende des 16. Jahrhunderts gewesen sein – erzählte der Tegkwitzer Pfarrer Sander seinem Monstaber Kollegen, Pfarrer Tauchwitz, dass er vor wenigen Jahren in der Schmöllner Kirche ein Buch gesehen habe. In dem habe Interessantes über den Grafen Bruno zu Schmölln gestanden, insbesondere über dessen armen Sohn Ortwin. Der war in der Nähe von Schmölln im Jahre 1126 bei der Jagd unglücklicherweise von einem wilden Eber getötet worden. Das Blatt, auf dem dies gestanden hatte, war ein Pergament gewesen und später von diebischer Hand aus besagtem Buch herausgeschnitten worden. Pfarrer Sander erinnerte sich noch des alten Versleins, das von Mönchshand auf das Blatt geschrieben war:

„Nomen erat Ortwein, quetn enecat unus Eberschwein" – „Sein Name war Ortwein, ihn tötete ein Eberschwein."

Dem traurigen Ereignis um den Grafensohn verdankt der Sage nach das Dörfchen Kummer seine Gründung. Als nämlich die Knechte des Grafen zu der Unglücksstätte kamen, fanden sie Ortwin, der im Sterben lag. Seine letzten Worte sollen nun gewesen sein: „Ach Himmel, wie muss ich doch hier in solchem Kummer und Elend umkommen!" Sein greiser

Hain bei Kummer.

Vater, Graf Bruno, ließ in jenem Walde an der Stelle, wo sein junger Sohn den Tod gefunden hatte, zum Gedächtnis eine Kapelle erbauen und daneben auch einige Häuser. Die schenkte er denjenigen, die sich dort ansiedeln wollten. Dem Ort verlieh der alte Graf – nach dem letzten Ausruf seines Sohnes – den Namen Kummer.

Durch den Korb springen

Vor einigen hundert Jahren war es im Altenburgischen noch Sitte, dass ein Kleindieb, der sich lediglich einer geringen Entwendung schuldig gemacht hatte, durch einen breiten Korb ohne Boden ins Wasser springen musste, mitunter auch mitsamt Korb durchs Wasser geschleift wurde. Er sollte da ja gar nicht ertrinken, sondern wurde von dazu extra bestellten Leuten wieder herausgezogen. Am 6. September 1672 war ein solches Spektakel am Pauritzer Teich zu beobachten. Die Gebrüder Hans und Barthel Pfefferkorn, Georg Müller und der Knecht Hans Saupens, alle aus Kriebitzsch stammend, hatten einem gewissen Herrn Peschwitz die Birnen gestohlen und mussten nun durch den Korb in den Teich springen.

Gänseopfer in Altkirchen

Einst gab es eine alte Kirche in dem Dorf Altkirchen. Zu ihr gelangte man über eine Anhöhe, die auch „das kalte Feld“ genannt wird, und von da aus über den Weg Richtung Gimmel. Das Kirchlein war der Heiligen Margaretha geweiht und zählte zu den ältesten Kirchen im Lande, was dem Dorf auch seinen Namen Altkirchen einbrachte. Zu dieser Kirche wallfahrten die Menschen von nah und fern, vor allem zum Kirchweihfest, um sich Ablass zu holen oder Wunder bewirken zu lassen. Und ein jeder, der die Kirche um diese Zeit besuchte, opferte eine Gans. Es ist bekannt, dass noch 1610 am Kirchhof ein großes Haus gestanden hat, das man Gänsehaus nannte. Dieses Haus war auch notwendig, denn während der Wallfahrttage wurden so viele Gänse geopfert, dass der Priester mitunter gar nicht wusste, wo er die Gänse alle hinbringen sollte; das gesamte Haus war voller Federvieh. Und konnte ein Fremder keine Gans mitbringen, wollte aber unbedingt eine opfern, so kaufte er dem Pfarrer erst eines seiner Tiere ab und opferte es gleich danach. So kam es, dass manche Gans dreimal vor den Altar gebracht wurde.

Die jetzige Dorfkirche soll aus den Steinen der alten gebaut sein und ist dem Heiligen Gallus gewidmet. Es heißt nun, dass der Margarethenaltar in der neuen Kirche verblieben ist und auf ihm zu bestimmten Zeiten sogar Messen gelesen wurden. Daher gab es zwei Kirchweihfeste in Altkirchen: eines am St. Margarethen-, das andere am St. Gallustag.

Trinkwasser für Burg Posterstein

Majestätisch thront die Burg Posterstein auf ihrem Felsen, zu ihren Füßen schlängelt sich der Sprottebach durch das Tal. Sein Wasser jedoch eignete sich nie zum Trinken, daher war frisches Trinkwasser auf der Burg Stein – so hieß sie damals noch – eine Rarität. Es dauerte Stunden, bis man es herangeschafft hatte.

Vor vielen hundert Jahren herrschte das strenge Rittergeschlecht derer von Puster auf der Burg. Diese Herren gaben dem Schloss und dem Dorf den heute bekannten Namen. Der letzte dieses Stammes war außerordentlich gewalttätig; seine Bauern lebten in dauernder Angst vor ihm, sodass sie oft sogar Haus und Hof verließen, um seinen Grausamkeiten zu entkommen. So mancher arme Tropf musste wegen Feld- und Wilddieberei, manchmal auch wegen Fischfangs ins feuchte, dunkle Burgverließ.

Eines Tages hörte ein solcher Gefangener von der großen Wassernot auf der Burg. Der ortskundige Bauer verstand sich zufälligerweise aufs Wassersuchen mit der Haselrute. Bei der nächstbesten Gelegenheit bot er dem Burgherrn an, ihm einen großen Schatz zu zeigen, wenn er ihm die Freiheit schenken würde. Der Ritter wollte zunächst gar nichts davon wissen, doch dann quälte ihn die Neugierde so sehr, dass er auf den Vorschlag des Bauern einging. Diesem wurden die schweren Ketten gelöst, und so konnte er den Burgherrn in einen kleinen Wald beim Dorf Heukewalde führen, das sich südlich der Burg ganz in der Nähe befindet. Dort

Burg Posterstein auf dem Burgberg. ▸

zeigte er ihm eine versteckt liegende Quelle, die silberklar aus dem Felsen sprudelte. Von selten gefühlter Dankbarkeit erfüllt, schenkte der Ritter dem Bauern noch in dem Wald die Freiheit. Das Wasserproblem der Burg war gelöst! Denn von da an floss das erfrischende Trinkwasser ohne jegliche technische Hilfsmittel nach der Burg Posterstein.

Der Galgen am Markt zu Altenburg

Da, wo in Altenburg die Sporengasse auf den Markt trifft, hat früher ein Galgen gestanden. Und in dem Haus, das später die Post beherbergte, wohnte zu jener Zeit ein vornehmer fürstlicher Rat, der großen Einfluss in der Stadt hatte.

Nun begab es sich, dass der Stadtrat den Galgen am Markt abschaffen wollte, denn die Frauen und Kinder fürchteten sich, daran vorbeizugehen, besonders, wenn er „Früchte trug", wie es damals hieß, wenn wieder einer gehenkt worden war. Die Krähen hingegen mochten den Galgen, fanden sie an ihm doch reichlich Futter. Zu einer solchen Maßnahme, wie sie der Stadtrat vorschlug, musste der fürstliche Rat seine Einwilligung geben. Der hielt aber einen Galgen für eine große Zierde des Marktes, drum musste er vorerst bleiben.

Kurze Zeit darauf gab es eine Festlichkeit im Hause des fürstlichen Rates, zu dem auch ein fürstlicher Herr eingeladen war. Auf diese Gelegenheit hatte der Stadtrat lange gewartet. Flugs kamen die Stadtknechte und henkten einen Dieb an dem Galgen. Während nun die Herrschaften im Haus des fürstlichen Rates zu Tisch saßen und speisten, vollzog sich auf der festlichen Tafel ein recht interessantes Schattenspiel – die Sonne schien draußen gerade wunderschön. Sobald ein Windstoß den Gehenkten am Galgen hin und her schaukeln ließ, bewegte sich sein Schatten über die Tafel, besonders über den Teller des Fürsten. Dem schmeckte darum kein einziger Bissen, und er verließ unhöflicherweise die Tafel und das Haus.

In der folgenden Nacht wurde der Galgen plötzlich abgerissen, denn der fürstliche Rat hatte dem Stadtrat ausrichten lassen, dass er sich doch wundere, wie man den schönen Altenburger Markt mit solch furchtbarem Galgen verunstalten könne. Der Stadtrat wiederum ließ sich den Spaß nicht nehmen und gab eine Nachricht zurück, dass er sich sehr schwer täte, den Galgen wegzureißen, der doch ein altes Denkmal sei.

Der Holzschnitzer Johannes Hopf

Liebliche Engelsköpfe, zartblättrige Blumen, volle Trauben und allerhand Früchte, Muscheln, Schnörkelwerk und formvollendete Säulen zieren die Empore der kleinen Postersteiner Kirche. Das Werk eines Meisters, möchte man meinen. Hinter den kunstvollen Schnitzereien verbirgt sich der Name des Holzschnitzers Johannes Hopf, der im 17. Jahrhundert durch die hiesige Gegend zog. Allerdings führte ihn sein Weg direkt ins finstere Gefängnis der Burg Posterstein, denn er hatte sich eines todwürdigen Verbrechens schuldig gemacht und erwartete seine Strafe. Während der jahrelangen Haft vertrieb sich der großgewachsene Künstler die tristen Tage mit der Kunst, die er beherrschte wie sonst nichts anderes. In mühevoller Arbeit schuf Johannes Hopf – so will es zumindest die Sage – die herrlichen Schnitzereien der Postersteiner Kirche Diese mit unendlicher Geduld und zur Ehre Gottes entstandenen herrlichen Schnitzereien rangen sogar dem damaligen Burg- und Gerichtsherren einige Bewunderung ab. Von dem hohen künstlerischen Können beeindruckt, bat er beim Landesfürsten um die Begnadigung des Künstlers. Und tatsächlich: Die Todesstrafe wurde in eine mehrjährige Kerkerstrafe umgewandelt.

Der Schafsknecht

Läuft man den Weg von Grünberg nach Schmölln, so kommt man an einem kleinen Feld vorbei, dass der „Schoofknacht" genannt wird. Dort lag früher ein wuchtiger Stein. Darüber berichtet uns die Sage Folgendes:

Ein Illsitzer Schafsknecht ließ seine Schafe immer auf Grünberger Flur weiden, wodurch er den hiesigen Landbesitzern viel Schaden verursachte. Bald weideten seine Schafe Gras, bald Getreide – und sie zertrampelten die Flächen. Die Grünberger versuchten es friedlich, redeten dem Schafsknecht gut zu, verlegten sich aufs Bitten, Schimpfen und Drohen, nichts half. Den

In der Nähe von Grünberg.

Übeltäter anzugreifen, wagte jedoch niemand, denn er führte immer einen sehr großen und aggressiven Hund mit sich. Irgendwann fassten die verärgerten Grünberger den Entschluss, den Hütehund wegzulocken, um dem Schafsknecht endlich eine Abreibung verpassen zu können. Mehrere Männer bewaffneten sich also mit Knüppeln und einer Katze, die sie in einen Sack gesteckt hatten. In der Nähe des Schäfers angekommen, ließen sie die Katze aus dem Sack heraus, was natürlich der Hund bemerkte, der sofort aufsprang und der Katze nachsetzte. Diese floh entsetzt, der Hund verfolgte sie und entfernte sich so immer weiter von seinem Herrn. Da fielen die Grünberger mit ihren Knüppeln über den ahnungslosen Schafsknecht her, um ihm eine tüchtige Tracht Prügel zu geben. Jedoch: Die zornigen Männer schlugen gar zu sehr – und erschlugen den Mann. Erschaudernd wichen sie zurück – dem ersten Schreck folgte Entsetzen über den Ausgang ihres Tuns, dann Panik ob der Folgen, die sie erwarteten. Flugs kamen sie überein und verscharrten den Toten auf dem Feld am Wegesrand. Auf die Stelle, an der die Gebeine des Schafsknechts ruhen, rollten sie alsdann jenen großen Stein.

Der Leichensteg bei Tautenhain

In der Nähe des Dörfchens Tautenhain führt ein Steg über den hier entspringenden Lunzigbach. Wenn in Tautenhain und Gösdorf jemand starb, so mussten die Leichen immer über diesen Steg, der deshalb nur „Leichensteg" hieß, nach Gieba getragen werden. Hier trug sich wohl um das Jahr 1735 eine eigenartige Begebenheit zu.

Zu jener Zeit trieb in der dortigen Gegend eine Diebesbande ihr Unwesen, zu der auch Einwohner des Giebaer Kirchspiels gehörten. Während der Sonntagspredigt hatte der damalige Pfarrsubstitut Meurer sehr oft in harten Worten das schändliche Treiben gerügt und recht abfällig über diese Menschen geredet. Damit hatte er die Diebe so aufgestachelt und gegen sich aufgebracht, dass zwei von ihnen, mit Namen Herbst und Tausend, den Plan fassten, den Meurer bei der nächstbesten Gelegenheit zu ermorden. Eines Tages nun machte sich der Pfarrsubstitut zusammen mit seiner Frau nach Gösdorf auf, da sie zu einem Kindtauf-Essen eingeladen waren. Die Diebe hatten davon Kenntnis erlangt und legten sich beim Leichensteg mit geladenen Flinten ins Gebüsch. Wie nun der Substitut mit seiner Frau Arm in Arm an den Steg heranspaziert kam, legte der eine schon das Gewehr an. Da rief mit einem Mal sein Kamerad: „Nein, schieß nicht! Du könntest die Frau mit töten, die hat uns ja aber nichts getan. Wir werden ihn schon noch erwischen, wenn er mal allein ist." Meurer gelangte an jenem Tag glücklich nach Gösdorf und wieder nach Hause. Er ahnte nicht, in welcher Gefahr sein Leben in jener Nacht geschwebt hatte. Als die Bande einige Zeit später gefasst wurde, gab es in Altenburg eine umfangreiche Untersuchung. Während des Verhörs gestanden die beiden Diebe neben zahlreichen Verbrechen auch ihr mörderisches Vorhaben gegen den Meurer ein und fragten an, ob der Herr Substitut vor ihrer Hinrichtung noch einmal zu ihnen kommen wolle, sie wollten ihn nämlich um Verzeihung bitten. Erst durch ein Schreiben des fürstlichen Amtes erfuhr Meurer von dem geplanten Mordanschlag. Ob er die beiden zum Tode Verurteilten im Gefängnis besucht hat, ist nicht bekannt.

Die Verbrecher jedenfalls wurden im Oktober 1738 beide an einem Tage hingerichtet; Herbst durch das Fallbeil und Tausend durch den Strang. Noch lange nach dieser Hinrichtung war in der Gegend das Wortspiel verbreitet: „In Altenburg sind an einem Tage einer geköpft und Tausend gehenkt worden."

Der ehrliche Schmiedegeselle

Auf seiner Wanderschaft kam ein junger Schmiedegeselle auch zu einer Dorfschmiede in der Nähe von Nöbdenitz. Dort blieb er, jedoch betrübte es ihn, dass hier die Hämmer auch sonntags gingen. Der Geselle wäre sehr gern am Sonntag in die Kirche gegangen. Der Meister aber meinte, das Handwerk hätte auch am Sonntag goldenen Boden. Der Geselle ging wiederholt zu ihm und sagte: „Ohne den Sonntag schmeckt mir das Leben wie eine Wassersuppe, in der kein Salz ist. Gebt mir die Freiheit, sonntags in die Kirche gehen zu können. Ich brauche Gottes Wort zur Erbauung." Der Meister schaute den ehrlichen Gesellen sehr lange an, dann meinte er: „Nun gut, so geh' in die Kirche. Wenn es aber einmal viel Arbeit gibt, dann musst du auch sonntags an deinem Platz sein!"

Eine ganze Weile ging das auch gut, der Geselle hatte am Sonntag frei. An einem Samstag jedoch meinte der Meister: „Morgen ist zwar Sonntag, aber es gibt sehr viel Arbeit. Da kannst du nicht in die Kirche gehen." Der Geselle war damit einverstanden, denn so hatten sie es ja vereinbart. Doch auch am folgenden und am dritten Sonntag musste er arbeiten. Der Meister gab ihm drum 17 Mark Wochenlohn. Da sagte der Geselle: „Das ist zuviel", und gab dem Meister zwei Mark zurück. Der Meister meinte: „Aber das ist dein Lohn für sieben Tage!" Darauf der Geselle: „Ich nehme für die Sonntagsarbeit kein Geld. Wenn ich sonntags arbeite, dann tue ich das Euch zuliebe. Geld will ich dafür nicht." Das erschütterte den Meister auf eine Weise, dass er nichts zu erwidern wusste. Von jenem Tag an aber war die Schmiede sonntags verschlossen, und es war weder ein Hammer noch ein Blasebalg zu hören.

Der pfiffige Bauer aus Bohra

Seit geraumer Zeit belieferte ein Bauer aus Bohra einen reichen Schmöllner Bäcker mit Butter. Irgendwann fiel dem Bäcker jedoch auf, dass die Butter nicht immer das gewünschte Gewicht von drei Pfund hatte. Daher wog er die letzten Butterlieferungen nach – und wirklich: An jedem Stück Butter fehlte ein wenig. Keine einzige Lieferung hatte das richtige Gewicht gehabt. Daraufhin verklagte der Bäcker den Bauern wegen Betrugs. Während der Gerichtsverhandlung im Januar 1877 soll sich nun Folgendes zugetragen haben:

Der Richter fragte den Bauern: „Haben Sie eine Waage zu Hause?"

Darauf der Bauer: „Ja, Herr Richter."

„Dann haben Sie wohl auch Gewichte?", lautete die nächste Frage, die der Bauer beantwortete: „Nein, die hab ich nicht."

Nun wunderte sich der Richter: „Wie haben Sie dann aber die Butter wiegen können?"

Und der pfiffige Bauer sprach: „Tja, das war ganz einfach. Seit der Bäcker von mir die Butter kauft, kaufe ich von ihm das Brot. Wenn er nun drei Pfund Butter von mir bekommt, dann nehme ich immer eines seiner Brote, das er mir als Drei-Pfund-Brot verkauft hat. Damit wiege ich dann meine drei Pfund Butter ab, die ich ihm verkaufe." Der erstaunte Amtsrichter musste unwillkürlich schmunzeln – und sprach den gewitzten Bauern frei.

General Holk in Altenburg

Während des Dreißigjährigen Krieges litt auch die Stadt Altenburg ungeheuer. Besonders hart war das Jahr 1633, denn im August rückte General Henrik Graf Holk gegen die Stadt vor. Der damalige Bürgermeister versuchte Holk davon abzuhalten, in Altenburg einzufallen, da in der Stadt gerade die Pest wütete. Doch vergebens! Der Feldherr, berühmt-berüchtigt durch seine Holk'schen Reiter, lachte der Gefahr ins Gesicht: „Und wenn die Pest tausend Mal in der Stadt wütet, so will ich doch hineinziehen!" An der Spitze seines Heeres ritt er durch die Tore ein und ließ Altenburg elf Tage und Nächte lang plündern. Die herzlosen Kriegsgesellen verübten dabei viele grausame Schandtaten. Doch die Strafe war ihnen gewiss. Als Holk endlich weiterzog, begleitete ihn die furchtbare Pest und Tausende starben an der Krankheit. Auf seinem weiteren Weg kam Holk dann ins Vogtländische, da brach auch bei ihm die Seuche aus. Nun plagte ihn das schlechte Gewissen ob all seiner Gräueltaten und er wollte einen Geistlichen kommen lassen, der ihm die Beichte abnehmen könnte. Doch keiner fand sich. Also starb er unter den Höllenqualen eines schlechten Gewissens.

Eine Scheintote in Altenburg

Am 2. Dezember 1622 starb eine im Haus des Amtsschreibers Bierling in der damaligen Sporengasse wohnende Frau. Ihr Ehemann hatte nach der damaligen Sitte zahlreiche Ringe und Geschmeide mit in den Sarg gelegt.

Nach dem Begräbnis stand das Grab noch eine Nacht offen. Der Totengräber indes, der ein bekannter Altenburger Uhrmacher war, ging in jener Nacht mit seinem Sohn auf den Friedhof und stieg in das Grab. Er wollte nämlich dem Leichnam die Ringe von den Fingern ziehen und das Geschmeide abnehmen. Wie er nun an der Hand der Totgeglaubten herumhantierte, richtete sich diese plötzlich im Sarg auf. Das eiskalte Grauen erfasste den Grabräuber und er jagte in Panik davon.

Die wiedererwachte Frau jedoch nahm die stehen gelassene Laterne des Totengräbers und lief erschöpft nach Hause zu ihrem Ehemann. Dort lebte sie noch lange Jahre und bekam dazu sogar ein Kind. Den Totengräber aber verhaftete man am Tag nach seinem versuchten Grabraub und steckte ihn ins Zuchthaus, wo er sich ein Jahr später erhängte. Sein Sohn hatte sich aus dem Staub gemacht und war seiner Strafe entronnen.

Der Graf zu Schmölln und der Abt des Klosters zu Posa

Ein Schmöllner Graf versprach einst dem Abt des Klosters Posa bei Zeitz, dass er von denjenigen Ländereien, die der Abt an einem Tag mit einem Esel umreiten könnte, alljährlich den Zehnten für das Kloster von dem Graf erhalten würde. Der Abt guckte sich also einen ziemlich großen Stich in der Nähe von Schmölln aus und war sicher, dieses Stück Land an einem Tag umreiten zu können. In dieser Hoffnung trabte er am ausgemachten Tag auf seinem Esel los, der allerdings kurz vor dem Ziel und vor lauter Erschöpfung nicht mehr weiter konnte. Manche sagen auch, der Graue habe sich ein Bein gebrochen.

Obgleich es nun dem Abt nicht gelungen war, das Land mit dem Esel zu umrunden, wurde ihm trotzdem der Zehnte verschrieben. Weswegen, lässt sich wohl nicht wirklich ergründen. Zum Gedächtnis für den Esel in dieser Geschichte ist an der Schmöllner Stadtkirche am südlichen Eingangsportal ein in Stein gehauener Esel zu sehen, der alle Viere von sich streckt. Es könnte aber auch ein Hund sein. Früher haben die Bauleute nach alter Sitte immer ein Tier mit „eingebaut", damit das Werk auch recht gelinge.

Das sagenhafte Steintier an der Stadtkirche St. Nikolai Schmölln.

Ein „Wahrzeichen"

Im südöstlich von Altenburg gelegenen Lohma an d. Leina war einst das Wahrzeichen dieses Dorfes auf einem Kirchturm zu sehen. Und zwar schaute aus einem Dachfenster über den Glocken eine männliche Figur in altmodischer Kleidung hervor, die so oft nickte und pfiff, wie der Uhrhammer Schläge tat. Die Sage berichtet, diese Figur sei zur Erinnerung an einen Schulmeister des Ortes an dem Fenster aufgestellt gewesen. Der hatte im Dreißigjährigen Krieg dort oben seinen Posten bezogen und den im Dorf einquartierten Soldaten die Ankunft feindlicher Heerscharen angekündigt. Irgendwann sollen ihn die Feinde dann entdeckt und erschossen haben.

Die geheimnisvolle Münze

Zwischen Hainberg und der südlich von Meuselwitz entlangführenden Straße nach Neupoderschau fand man 1912 bei Einebnungsarbeiten an einer Brücke eine römische Goldmünze. Sie war tatsächlich echt und trug ein Konterfei Kaiser Valentinians III., der bis 455 n. Chr. Kaiser des weströmischen Reiches gewesen war. Wie diese Münze, die leider verloren ging, nach Meuselwitz kam, berichtet die Sage.

In der Schlacht auf den Katalaunischen Feldern (Frankreich) 451 n.Chr. schlug ein römisch-gotisches Heer die Hunnen Attilas vernichtend. Die Hunnen traten geschwächt den Rückzug aus Gallien an, und ihr Weg führte über die südlichen Teile Germaniens und ein Gebiet, das heute u.a. Ungarn, Österreich und die Slowakei berührt. Schwere Unwetter, Überschwemmungen, reißende Gebirgsflüsse und unwegsame Schluchten behinderten den Marsch der Hunnen und ihres Hundertschaftsführers Gülder. So gerieten sie immer weiter nach Norden. Die hunnische Reiterschar dezimierte sich durch Zusammenstöße mit Markomannen und Langobarden. Im Böhmerwald mit seinen Sümpfen und Mooren fand Gülder einen Pass für seine Leute und verlor durch wilde Tiere weitere seiner Mannen. Das verbliebene Dutzend Hunnen überfiel irgendwann in der Gegend um Meuselwitz aus Verzweiflung einen Zug Slawen, der mit seinen Viehherden gen Westen zog und dort neues Land besiedeln wollte. Die Slawen verteidigten sich erfolgreich gegen Gülders Truppe, denn sie hatten sich auf ihrem Weg schon oft gegen die Übergriffe anderer slawischer, keltischer oder germanischer Stämme wehren müssen. Die sogenannten Elster-Sorben töteten auch einige Hunnen, darunter Gülder. Sie leerten deren Satteltaschen aus, nahmen die Pferde und die Überlebenden als Gefangene. Gülders sterbliche Überreste und die seiner Leute blieben liegen und verschwanden im Laufe der Jahrhunderte unter Staub und Erde. Gülders Knochenteile fand man dann später – und eben jenes Goldstück, das er sich als Notmünze unter den Gürtel geschoben hatte.

Das Steinkreuz

In Zschernitzsch bei Altenburg steht am Dorfrand auf der linken Seite ein verwittertes Steinkreuz. Einst waren einfache Figuren darauf zu erkennen, doch der Zahn der Zeit hat an diesem Mahnmal genagt, das in Erinnerung an einen traurigen Vorfall hier aufgestellt wurde. Heute befinden sich hier Wohnhäuser, damals waren in dieser Gegend Felder und Wiesen.

Die Sage berichtet nun, dass vor Zeiten dort zwei Bauernknechte um eine Magd stritten, in die beide verliebt waren. Eines Tages fuhren sie gerade Dünger auf dem Feld aus und gerieten erneut so hitzig in Streit über die Sache, dass sie in blinder Wut mit den Mistgabeln aufeinander losgingen. Das nahm ein böses Ende: Die beiden jähzornigen Knechte fanden den Tod bei dieser Auseinandersetzung. Der damalige Pfarrer verweigerte ihnen das Begräbnis auf dem Friedhof, darum scharrte man die Männer an Ort und Stelle in die Erde ein. Das alte Steinkreuz erinnert noch heute die Vorübergehenden an den blutigen Zweikampf und warnt vor den Folgen des blinden und ungezügelten Zorns.

Das Sühnekreuz am Zschernitzscher Dorfrand.

Die Schlacht auf der Beewalder Heide

Einen großen Sprung – zeitlich und räumlich gesehen – machen wir nun, und zwar ins Jahr 528 und ans andere Ende des Altenburger Landes. Es geschah, als der fränkische König Theoderich mit einem großen Heer in Thüringen einfiel und der thüringische König Hermenfried gegen ihn mit seinen Scharen antrat. Auf der Beerwalder Heide kam es zur entscheidenden Schlacht. Ein furchtbares Gemetzel entbrannte in dem dunklen und düsteren Tal, das sich zwischen Beerwalde und Großenstein an der Sprotte erstreckt. Noch heute erinnert es mit seinem grausigen Namen „Mordgrund“ oder „Mordtal“ an dieses schlimme Ereignis.

Hermenfried leistete erbitterten Widerstand. Tiefe Gräben ließ er mit Sträuchern bedecken und konnte die Franken so am zügigen Vordringen hindern. Doch ein verräterischer Graf von Beerwalde leistete den Franken plötzlich Verstärkung, die Thüringer mussten aufgeben und flohen bis zur Unstrut. An jenem Ort wurden sie derart vernichtend geschlagen, dass der Fluss mit den Toten angefüllt war und die überlebenden Thüringer über die Leichen ihrer Mitkämpfer ans andere Ufer gelangen konnten. Dem thüringischen König Hermenfried aber gelang die Flucht.

Der Weg führt durchs Mordtal.

Die Schlacht bei Lucka

Einst stritten Friedrich der Gebissene, Land- und Markgraf von Thüringen und Meißen, und König Adolph von Nassau miteinander um das Thüringerland. Friedrichs Vater, Albrecht der Entartete, hatte Adolph von Nassau die Ländereien für einen Pappenstiel verkauft. Also verbündete sich Friedrich mit seinem Bruder, dem Markgrafen Diezmann, der noch im selben Jahr in Leipzig ermordet wurde, was Friedrich sehr naheging. Sie zogen gemeinsam los, um sowohl das Meißner als auch das Pleißnerland zu erkämpfen, das Adolph ebenfalls mit Truppen aus Schwaben besetzt hatte. Selbstbewusst stellte Friedrich ein Heer auf und führte es nach Sachsen, wo er den Feinden erbitterten Kampf auf pleißischem Boden bot, so in den Gefilden von Lucka und Groitzsch zwischen Leipzig und Altenburg. Damit sein Volk ihn auch als Heerführer erkennen konnte, ließ er auf seinem Streithelm die drei Helmkleinode der Lande Meißen, Thüringen und Pleißen befestigen: den mit Pfauenschweifen geschmückten hohen Hut mit dem Rautenkranz-Wappen des Pleißnerlandes, die thüringischen Silberhörner mit den grünen Kleeblättern und den wachsenden Mann von Meißen, „Judenkopf" genannt, mit rot- und weißgestreiftem Hut und Gewand. Diese drei ließ er also, so gut es ging, auf seinem Helm festbinden und soll dazu die Worte gesprochen haben:

Heute binde ich auf: Meißen,
Thüringen und Pleißen,
Und alles, was meiner Eltern je geward,
Gott helfe mir auf dieser Fahrt!

Und Gott stand ihm wohl tatsächlich bei, denn er schlug die Schwaben so vernichtend, dass sie panikartig die Flucht ergriffen. Ein Spottspruch entstand damals auf diese Schwaben, die sich vorher großer Dinge gerühmt hatten. Immer, wenn nun einer etwas Großes zu tun verhieß, dessen Erfolg zweifelhaft war, dann hörte man den Spruch:

„Harre, es wird dir gelucke (glücken)
als wie den Schwaben bei Lucke."

Die tapfere Frau zu Lucka

Nach der Schlacht bei Lucka, die des Königs Truppen am 31. Mai 1307 so jämmerlich bei dieser Stadt verloren hatten, soll sich Folgendes im „Streitstadt" genannten Lucka zugetragen haben. Eine alte Frau, die man auch „Churbauchin" nannte, hatte im Backofen ihres am Steinberg gelegenen Hauses fünf Schwaben versteckt. Dann sperrte sie die Ofentür zu und erstach die Männer mit einer Ofengabel. Zur Belohnung erhielt ihr Haus die volle Backgerechtigkeit.

Einer andern Sage zufolge ist dies vor und nicht nach der Schlacht geschehen. Es heißt, die Frau habe die Schwaben, die in ihr Haus eingedrungen waren und nach Geld gefragt hatten,

Der Wettiner-Brunnen in Lucka erinnert an die Schlacht im Jahre 1307.

einen nach dem andern in ihre Kammer geführt. Dann habe sie ihre Truhe aufgeschlossen und gesagt, darin wäre ihr Geld, sie wäre aber zu kraftlos, um die Schatulle aus dem Kasten zu heben. Wenn sich dann der jeweilige Schwabe über den Kasten gebeugt hatte, habe sie ihm mit dem Stock eins übergezogen, sodass er niedergesunken sei. So hat sie alle fünf niedergestreckt.

Die „Luck'schen" und ihr Wappenritter

Nach der Schlacht von 1307 hatten die Einwohner Luckas vergeblich gehofft, endlich aufatmen zu können.

Die „Luck'schen", wie sie sich selbst nennen, waren dem Breitenhainer Timo, wie es in feudalherrschaftlichen Zeiten üblich war, mit Haut und Haar verpflichtet. Trotz aller großer Heldentaten, die sie während und nach der Schlacht vollbracht hatten, und obwohl ihnen vom Wettiner sogar ein Wappen mit einem Ritter verliehen worden war, verpfändete sie der noch unmündige Wettiner an den Bischof von Naumburg. Ein Chronist war der Meinung, dies sei aus Geldmangel geschehen. Die Streitaxt in der Rechten des eben erst verliehenen Wappenritters wurde also durch ein Kreuz ersetzt. Im Wappen der Luckaer stand nun ein Kreuzritter. Kaiser Ludwig verkündete dann, dass der Naumburger Bischof die Orte Lucka und Breitenhain wieder freizugeben hatte. Der Bischof hatte keine Wahl und sah widerstrebend seine fünfzigtausend Goldstücke den „Pleißenbach runtergehen".

„Wenn du hast kein Pfand, dann bleibt nix in der Hand", murrte er. Alles ging zurück an den Wettiner. Zumindest vorläufig, bis dieser die beiden Flecken an den Groitzscher „verpfändete", allerdings nur für zehntausend Goldstücke. Und schon hielt der Wappenritter statt des Kreuzes eine Geißel in der Hand. Den Einwohnern Luckas und Breitenhains gefiel dieser Handel über ihre Köpfe hinweg ganz und gar nicht. Es heißt nun, irgendein heimkehrender Kreuzfahrer hätte die beiden Ortschaften vom Groitzscher Grafen wieder „losgekauft", und zwar gegen drei Splitter vom Kreuz des Nazareners Jesus Christus. Der Wappenritter bekam nun wieder das Kreuz in die rechte Hand. Als dann kurz vor der nächsten Jahrhundertwende der gerade herrschende Wettiner etwas Geld übrig hatte, kaufte er dem besagten Kreuzfahrer Bernardus von Walchenstein die Orte Lucka und Breitenhain wieder ab. Die Streitaxt wanderte zurück in die Rechte des Wappenritters von Lucka.

Der Kreuzfahrer Bernardus machte sich mit dem Geld des Wettiners, das waren immerhin sechstausend Goldstücke, auf ins Pleißenland, kam aber nie in Walchenstein an. Der Wettiner aber hatte mit einem Mal einen weiteren Haufen Geld, was er seinem Hofkaplan während der Beichte erzählte. Zur Buße verlangte dieser allerdings „nur" einen neuen geschnitzten Beichtstuhl. Das berichtet die Sage, wie auch das Folgende: Der geldgierige und tief beleidigte Naumburger Bischof soll als Rache für den missglückten Handel Flugblätter im Lande verteilt haben, auf denen die Wettiner als „Raubgrafen, Erzbetrüger, Hundsfötter und Länderdiebe" beschimpft wurden. Er konnte nicht vergessen, so übers Ohr gehauen worden zu sein. All diese Streitereien verliefen aber wohl im Sande. Am Ende hielt der Wappenritter Luckas wieder ein Kreuz in seiner rechten Hand. Und dieses Kreuz haben die Luckaer bis heute.

Ene Mordtot

ORIGINALFASSUNG ERNST DAUBE

In en Dorfe be Schmelle hotte e Bauer en schin Weinstuck mit ener besunnersch guten Sorte Wein, un wenn die schien grußen galn Biern reif ware woln un in der Sunne funkelten wie lauter schiene Barnsteenparln, do muchte monchen 's Wosser in Maule zomloofe, wenn enn die Biern su onlochten, un nu vunjen gor de Sparlinge, die worn im die Zeit gor nich mieh fortzebreng. Karmsen-Friede, wos der Harre von dan Weinstucke wor, hotte seine halle Freede an sein Weine, un weil e garn die ungebaten Geste wagbrenge wol, schofft'e sich ene Vogelflinte on, un mit dar blies ha monchen, dar sich's ben Schmausen wuhl sei ließ, 's Lamslicht aus.

Do markte ha uf eemol, doß seine Traum onbnomm un olle Toge weenjer worn. Dos gink 'n doch ibbern Spoß, un e nomm sich veer, da Vogel, dar do noch mitholf, ewos ordentliches auszewischen. Do braucht er nu nich glei ze denken, doß e'n ene Prise Vogeldunst onger de Faddern geche wol – su schlacht wor Karmsen-Friede noch nich – abber en Denkzettel wol e'n mit uf'n Wag gabe, an dan e uf lange sol genung hobe. E hotte grode Schlochtfast, un do ließ e sich vun Fleescher en Dorm extro mit Blut fille, da lodt 'e ohmds in seine Flinte un leete sich uf de Lauer.

'S schwonte'n wuhl, war dar Spitzbufe sei kann. Var e bor Togen, hott'ever sein Stucke gestann un sich ibber die schien Biern gefreit, die mit jeden Toge haller un dorchsichtjer worn, do kom Schuster-Garje 'n Dorfe ronger un bleeb var sein Gorten stiehn un fangte e Langes un e Breeter on zu kusen, un iehr e ging, meent'e:

„De host do en racht schin Wein, do warschte hibsch ochtjen druf habe musse, denn dos Vogelweig is der derhenger har, do kommer gor nich mieh Harre ware. Meiner is nich holb su schieh un bleibt mer olle Gohr suaer, weil e holb uf de Mitternochtsseite leet un nich genung Sunne hot, abber j hob noch kee Gohr de Helfte vun mein Weine gekricht, de annere hummer de Vogel waggehult. Nu gib bluß ochtjen, ab dersch nich o su larnt gieh."

Friede hotte druf geseet: „Su org is mit'n Vogeln nich, se wulln o ehr Teel hobe, un wenn se's ju emol ze org treim, do hobj e Mittelchen fersche, mir is bluß ver'n Spitzbufen, doß mer die nich dribber geroten."

„I moch kenn Ruß", meente Garje un ging wetter, „be uns gibt's in ganzen Dorfe kenn Spitzbufen, ver da brauchste keene Angst ze hom."

Karmsen-Friede hotte'n salt nochgegukt, un 's wor 'n su ollerhand dorch'n Kupp gegang, un 's wor'n o eigefolln, doß be Schuster-Garjen in dar Hensicht de Luft nich ganz reene wor un doß mer sich dos un geß vun sein lang Fengern derzohlte. Ha hotte sein sießen Wein immer gut rongergekricht, un wenn o de Spoozjen sich ehr Teel waggehult hotten, ha hotte 's 'n garn geginnt, un u schlimm, wie's der Schuster mit sein sauern Weine mochte, worsch 'n doch noch nich gegang.

All e nu su uf der Lauer log, do ducht'e an die Geschichte un freite sich hellsch druf, Schustergarjen eens auszuwischen, denn dos stung bei'n feste: dar un kee annerer wor der Spitzbufe. Un richtj, e muchte su e Stund'ner dreie heleen hobe, do hiert'e ewos an der Mauer scharre, e hauchte sich flink henger de Stochelbiernbische, wu e olles ibbersah kon, un do soch e nu uf eemol e Been ibber de Mauer ribber kumme, un nich lange drof kom o 's zweete, un e Monn sprong ronger in Garten, stung ierscht e Weilchen stille un horchte noch olln Seiten, un nochen mocht e sich flink ibbern Wein har un stockte eene Traube noch der annern in en Sock, dan e sich mitgebrocht hotte. 'S wor niemand annersch all der Schuster, un Karmsen-Friede gukte dan Denge in oller Gemietsruche zu. Garje muchte bal genung hobe, abber hott'e ewos Verdachtjes gehiert, e gukte un horchte noch olln Seiten un kruch mit sein Socke gebickt noch der Mauer heng. Friede wor ofgekniet, un grode wie Garje sich mit beeden Heng uf de Mauer ufgestitzt hotte un ehn 's ollerschennste Ziel henhiel, do schuß es lus, un klotsch! Plotzt de Worscht an Garjen sein scheensten Karperteele, fer dan e en extrogrußen Schusterschemel brauchte, ausenanner. Garje lißt ver Schrack sein Sock falle, schießt en Porzelboom uf der annern Seite vun der Mauer nonger uf'n Wag, krobbelt in de Hieh, fiehlt noch, ab's 'n ewos geton hot un kreit beede vull Blut. Nu fangt e grode naus on ze schrei nun rannt 'n Dorfe nonger noch der Schenke, wu noch Licht is, kimmt nei in de Stobe gestarzt, fellt hen uf'n Stuhl und brüllt aus vulln Holse: „Karmsen-Friede hot mich tutgeschussen", un doderbei leeft's rute Blut nar su ronger in de Stobe, un Henge un Gesichte hot e sich o vullgewischt.

Olle spreng derschrucken vun ehrn Stiehln uf un stiehn im ehn rim, do tritt o schun Karmsen-Friede in de Stobe, un all e dos Heifchen Unglicke ibber un dibber blutj do sitze sieht, do locht e grodewag un derzohlt de ganze Geschichte, un olles stieht do un locht. Schuster-Garje taumelt vun sein Stuhle uf un will ganz verstuhln zer Teer nauswische, abber Friede kreit'n noch ben Schloffittchen un gibt'n noch ene gute Liehre mit uf'n Wag:

„Wenn der nu de Sparlinge widder dein sauern Wein zer Helfte mausen, hente habj der e gutes Mittel gewissen, wie mer die Hollunken fortbrengt."

Eine Mordtat

Hochdeutsche Fassung

In einem Dorf bei Schmölln hatte ein Bauer einen schönen Weinstock mit einer besonders guten Sorte Wein, und wenn die schönen großen gelben Beeren reiften und in der Sonne funkelten wie lauter schöne Bernsteine, da mochte manchem das Wasser im Munde zusammenlaufen, wenn einen die Beeren so anlachten. Und die Sperlinge waren um die Zeit von ihnen auch nicht wegzubringen. Kirmsen-Friede, was der Herr dieses Weinstocks war, hatte seine helle Freude an dem Wein, und weil er gern die ungebetenen Gäste weghaben wollte, schaffte er sich eine Vogelflinte an, und mit der blies er manchem, der sich's beim Schmausen gut gehen ließ, das Lebenslicht aus.

Da merkte er auf einmal, dass seine Trauben abnahmen und alle Tage weniger wurden. Das ging ihm doch zu weit, und er nahm sich vor, dem Vogel, der da noch mithalf, etwas Ordentliches auszuwischen. Da braucht ihr nicht gleich zu denken, dass er einem eine Prise Vogeldunst unter die Federn jagen wollte – so schlecht war Kirmsen-Friede noch nicht, aber einen Denkzettel wollte er ihm mit auf den Weg geben, an den er noch lange Zeit denken würde. Er hatte gerade Schlachtfest, und so ließ er sich vom Fleischer einen Darm extra mit Blut füllen, den lud er abends in seine Flinte und legte sich auf die Lauer.

Es schwante ihm wohl, wer der Spitzbube sein konnte. Vor ein paar Tagen hatte er vor seinem Stock gestanden und sich über die schönen Beeren gefreut, die mit jedem Tag heller und durchsichtiger wurden, da war Schuster-Karl vom Dorf runtergekommen und vor seinem Garten stehengeblieben. Er hatte lang und breit gegrinst und gemeint:

„Du hast da einen recht schönen Wein, da wirst du hübsch drauf achten müssen, denn das Vogelzeug ist dahinter her, da kann man gar nicht damit fertig werden. Meiner ist nicht halb so schön und bleibt jedes Jahr sauer, weil er halb auf der Mitternachtsseite liegt und nicht genug Sonne hat, aber ich hab noch kein Jahr die Hälfte von meinem Weine gekriegt, die andere haben mir die Vögel geholt. Nun gib bloß Acht, dass dir's nicht auch so gehen wird."

Friede hatte darauf gesagt: „So arg ist es mit den Vögeln nicht, sie wollen nur ihren Teil haben, und wenn sie es einmal zu arg treiben, da hab ich ein Mittelchen für sie, mir ist's bloß wegen den Spitzbuben, dass mir die nicht drüber geraten."

„Ich mach keinen Ruß", meinte Karl da und ging weiter, „bei uns gibt's im ganzen Dorf keinen Spitzbuben, da brauchst du keine Angst zu haben."

Kirmsen-Friede ist so allerhand durch den Kopf gegangen, und es war ihm auch eingefallen, dass bei Schuster-Karl in der Hinsicht die Luft nicht ganz sauber war und dass man sich dies und das von seinen langen Fingern erzählte. Er hatte seinen süßen Wein immer gut runtergekriegt, auch wenn die Spatzen sich ihren Teil weggeholt hatten, er hatte es ihnen gern gegönnt, und so schlimm, wie es der Schuster von seinem sauren Weine berichtete, war es ihm doch noch nicht gegangen.

Als er so auf der Lauer lag, da dachte er an die Geschichte und freute sich höllisch drauf, Schuster-Karl eins auszuwischen, denn das stand bei ihm fest: Der und kein anderer war der Spitzbube. Und richtig, er mochte so ein bis drei Stunden gelegen haben, da hörte er etwas an der Mauer scharren, er hauchte sich flink hinter die Stachelbeerbüsche, wo er alles übersehen konnte, und da sah er nun auf einmal ein Bein über die Mauer rüberkommen, und nicht lange drauf kam auch das zweite, und ein Mann sprang runter in den Garten, stand erst ein Weilchen still und horchte nach allen Seiten, dann machte er sich flink über den Wein her und steckte eine Traube nach der anderen in einen Sack, den er sich mitgebracht hatte. Es war niemand anderes als der Schuster, und Kirmsen-Friede guckte dem Treiben in aller Gemütsruhe zu. Karl musste bald genug haben, aber da hatte er wohl etwas Verdächtiges gehört, guckte nach allen Seiten und kroch mit seinem Sack gebückt zur Mauer hin. Friede erhob sich, und gerade als sich Karl mit beiden Händen auf die Mauer aufgestützt hatte und ihm das allerschönste Ziel hinhielt, da schoss er los. Und klatsch!, platzt die Wurst an Karlns schönstem Körperteil, für den er einen extra großen Schusterschemel brauchte, auseinander. Karl ließ vor Schreck seinen Sack fallen, schoss einen Purzelbaum auf die andere Seite der Mauer und hinunter auf den Weg, krabbelte in die Höhe, fühlte nach, ob es ihm was getan hatte und kriegte beide Hände voll Blut. Nun fing er geraderaus zu schreien an und rannte ins Dorf hinunter zur Schenke, wo noch Licht war, kam rein in die Stube gestürzt, fiel hin auf einen Stuhl und brüllte aus vollem Halse: „Kirmsen-Friede hat mich totgeschossen", und da dabei lief's rote Blut nur so runter in die Stube, und die Hände und das Gesicht hatte er sich vollgeschmiert.

Alle sprangen erschrocken von ihren Stühlen auf und standen um ihn rum, da trat auch schon Kirmsen-Friede in die Stube. Und als er das Häufchen Unglück über und über mit Blut da sitzen sah, da lachte er geradeweg und erzählte die ganze Geschichte, und alles stand da und lachte. Schuster-Karl taumelte von seinem Stuhle auf und wollte ganz verstohlen durch die Tür entwischen, aber Friede kriegte ihn beim Schlafittchen und gab ihm noch eine gute Lehre mit auf den Weg: „Wenn dir nun die Sperlinge deinen sauren Wein zur Hälfte mausen, heute hab ich dir ein gutes Mittel gezeigt, wie man die Halunken fortbringt."

Teufel, Hexen, wilde Jagd

Drei Bauern fliegen durch die Luft

Es war nach dem Osterfest des Jahres 1546, dass drei Bohraer Bauern nach reichlichem Biergenuss aus einer Schmöllner Wirtschaft schwankten und nach Hause wollten. Der starke Hopfentrunk hatte sie „mutig" gemacht, und so lästerten sie, obwohl dies eine Todsünde war, was das Zeug hielt. Sie lästerten Gott und spotteten über einen Toten, der sich vor Kurzem in einem nahe gelegenen Gehölz erhängt hatte. Sie hatten den Bohraer Berg inzwischen hinter sich gelassen und redeten immer weiter übel, fluchten und schimpften. Da erhob sich ein großer ungestümer Wind, der entführte die drei Bauern in die Luft. Es war der „böse Geist", der Leibhaftige, der sie hinauftrug und dann mit je einer Meile Abstand voneinander in Pfützen fallen ließ. Den einen Bauern hat man am nächsten Tag tot gefunden, vollkommen mit Schlamm bedeckt. Die beiden andern lagen im Felde, ebenfalls von Schlamm überspült und kaum noch am Leben. Ihre Taschen waren voller Sand und Dreck. Am Ende kam nur einer mit dem Leben davon und ist nie mehr froh geworden nach diesem Erlebnis.

Die Sage vom Teufelsbruch

Beim Dorf Mockern, das südlich von Altenburg liegt, versteckten sich in der alten Zeit viele Männer und Weiber in einem alten Steinbruch, die den christlichen Glauben nicht annehmen wollten. Die Sage berichtet, sie hätten hier ihre Teufel angebetet: einen Schnegel, einen Bögel, einen Thorl, einen Crodel und viele andere Götzen mit schauerlichen Namen. Sie trieben Hexereien, und die alten Weiber wahrsagten zu Walpurgis und am Dreikönigstag. Man erzählte auch, sie würden das Vieh bezaubern, und die furchtsamen Leute der Gegend machten den Hexen aus Angst viele Geschenke.

Einst lebte ein katholischer Mönch in der Gegend, der im Namen des Herrn Jesus Christus große Wunder tat. Der wettete mit dem obersten Hexenmeister, dass Jesus Christus mehr Gotteskraft hätte als der Hexen Bögel und Schnegel. Die Wette sollte folgendermaßen entschieden werden: Auf dem Berg oben, der sich nördlich vom Dorf Lehnitsch bis zum rechten Pleißenufer hinabzieht, lagen zu jener Zeit zwei riesige, einige Meter voneinander entfernt aufragende bemooste Felsblöcke. Wessen Gott nun den größten Stein am weitesten vom Berge herabtrüge, der sollte für den allerbesten Gott gehalten werden. Man bestimmte eine Nacht für die Wette.

Am Morgen nach dieser Nacht versammelten sich alle Gläubigen und Ungläubigen, um zu sehen, wer stärker war: der Herr Christus oder die Hexengötter. Mit großer Freude zeigte der Mönch dem Volk den größeren Stein, in dem der Eindruck einer Hand zu sehen war. Den

Der sagenhafte Teufelsbruch in der Nähe von Mockern.

hätte also der Herr Christus auf der Hand wie eine Feder vom Berg herab getragen, während der Hexengott den anderen, kleineren Stein auf seinen Kopf geladen und nicht so weit getragen hätte. In jenem Stein war der Eindruck des Teufelshorns zu erkennen.

Beeindruckt ließen sich viele Teufelsanbeter bekehren und nahmen den christlichen Glauben an. Der Eifer, mit dem der Mönch die Menschen dort taufte, gab dem Grund noch einen anderen Namen: Eifergrund.

Die Hexen, welche sich nicht bekehrten, trieben heimlich in dem Steinbruch ihre Hexereien fort, bis „Finkenheinrich" (König Heinrich I.) sie während seiner Slawen-Feldzüge alle zu Tode steinigen ließ, weil sie angeblich seine Leute behext hatten. Doch so mancher Teufel spukte auch nach dieser Steinigung noch weiter – und aus Furcht vor diesen gespenstischen Erscheinungen hat sich der Name Teufelsbruch erhalten.

Teufelsbruch und Teufelshut

Einst ging der Teufel zur Weihnachtszeit in der Nähe von Ehrenberg bei Altenburg spazieren. Da er seinen Hut vergessen hatte und weil es grimmig kalt war, fror er sehr am Kopf. Also brach er von einem nahen Felsen einen ungeheuren Stein los und setzte ihn als Hut auf den behörnten Kopf. Als er gerade in die Pleiße schaute, sich seines Spiegelbildes und über die neue Kopfbedeckung freute, da kam der heilige Christ daher, beladen mit goldenen Äpfeln und Nüssen und hübschen Spielsachen für die Kinder. Sogleich zog der Teufel höflich seinen Steinhut zum Gruß und setzte ihn frech gerade auf den Fußweg. Hämisch grinsend malte er sich schon aus, wie der heilige Christ nun einen Umweg machen müsse. Doch der scherte sich nicht darum, sondern hob den einige hundert Zentner schweren Stein mit zwei Fingern auf, als wäre er aus Watte, und setzte ihn auf ein wüst liegendes Stück Feld auf dem nahen Berg, wo er noch heute liegt. Dann ging er ins Dorf und teilte in jedem Haus den Kindern ihre Bescherung aus.

Steine am Wäldchen bei Lehnitsch.

Hexen und Teufel in Meuselwitz

Noch zum Ende des Dreißigjährigen Krieges gab es zahlreiche Einquartierungen in Meuselwitz, weswegen verstärkt Nachtwache gehalten werden musste. Nur so konnte es geschehen, dass mehrere Wächter in einer kalten Februarnacht des Jahres 1648 feurige Lufterscheinungen über der Kirche bemerkten, die sich alsdann bei der herrschaftlichen Scheune am Kellerhäuslein niedersenkten. Daraufhin setzte ein großes Viehsterben auf dem Hof Heinrichs von Clauspruch dem Jüngeren ein. Man munkelte nun, jene Erscheinung am Himmel sei der Teufel in Drachengestalt gewesen und die Viehseuche eine böse Tat desselben. Also musste man nun seine Verbündeten und Werkzeuge ausfindig machen.

In besagtem Kellerhäuschen wohnte damals ein Tagelöhner, Martin Eichler, mit seiner Ehefrau Marie. Die war zwar erst 28 Jahre alt, kränkelte aber seit zwei Jahren und war bis auf die Knochen abgemagert. Sie war zudem entweder geistig schwach oder durch die völlige Entkräftung nicht mehr bei Sinnen. Jedenfalls hatte sie in ihrem kranken Zustand irgendwann Äußerungen über sich selbst und andere Personen gemacht, die man für bedenklich hielt und der Gerichtsherrschaft meldete.

Heinrich von Clauspruch ließ die Kranke erst durch ihren Mann aushorchen. Am 11. Februar ging er selbst zu ihr und fragte, ob sie „den Drachen habe". Auf diese und noch weitere verfängliche Fragen antwortete sie in offenkundiger Umnachtung mit „Ja". Diese Antworten und die gerichtliche Aussage der oben erwähnten Wächter führten dazu, dass die schon halbtote Frau am 12. Februar in einem Backtrog zum Gefängnis getragen wurde. Am 13. und 14. Februar vernahm sie der Gerichtsverwalter Johann Kind. In der Vernehmung erzählte die Eichler, dass sie den Drachen vermutlich von ihrer Mutter in deren Sterbestunde erhalten habe, und zwar mittels eines Stücks aufgewärmten Fleisches, dass diese ihr zu essen befohlen habe. Darauf soll die Verlobung mit dem Drachen stattgefunden haben, der sich George nannte (sie selbst rief ihn Saugörge). Nach einer Weile des Umgangs mit dem Drachen (an anderer Stelle Teufelsbuhle genannt) gingen einige Male „garstige Würmer" von ihr ab. Im Jahr darauf sei sie am Walpurgisabend mit ihm zum Tanz auf dem sogenannten Rupperts-(Bloks-) Berge gewesen. Der Gerichtsverwalter erfragte die näheren Umstände dieser „Fahrt", worauf sie meinte, sie habe sich auf einer Ofengabel in die Luft begeben. Essen hätte es auf dem Berg nicht gegeben, wohl aber Bier, ein Viertel etwa. Bedienung wäre eine unbekannte Frau aus Spora (heute Sachsen-Anhalt) gewesen, die „im untern Gesichtstheile weiß und dickblünschig, auch etwas hinkend" war. Das Bier hätten sie aus Töpfen und Krügelchen getrunken, aber es hätte nicht gut geschmeckt.

Natürlich fragte der Gerichtsverwalter auch nach etwaigen „Mitschwestern" und Verbündeten. Da benannte Marie Eichler fünf Ehefrauen und eine Witwe aus dem Dorf, die alle als Hexen mit auf dem Ruppertsberg gewesen seien, außerdem einen alten Musikanten namens Hans Kromsdorf aus demselben Ort. Der hätte mit seiner Fidel zum Tanze aufgespielt.

Dann erzählte Marie, sie hätte von „ihrem Drachen" gleich anfangs zehn Taler bekommen, wofür sie Einiges eingekauft habe. Oft hätte er sie auch zu sich ins Holz bestellt und dann einen „Sahm" Holz zusammengebunden und ihr mit nach Hause gegeben. Er hat ihr wohl auch beim Butter- und Käsemachen geholfen und einen Sommer über etwa zehn Mal je eine Wasserkanne voll Milch gebracht. Dass sie das Zaubern von ihm gelernt haben und die Clauspruch'schen Pferde und Kühe krank gemacht haben soll, davon wusste sie aber nichts.

Der Gerichtsverwalter wollte Details zum „Hexentanz" wissen und fragte, ob jede ihrer „Mitschwestern" auch einen Buhlen gehabt hätte. Das bejahte Marie Eichler. Sie beschrieb die sogenannten Junker als große Männer in gelben Kleidern und roten Hosen, die schwarze Mützen auf dem Kopf trugen.

Der Leipziger Schöppenstuhl verurteilte die Eichlerin zum Feuertod, doch sie starb schon vorher, völlig entkräftet, am 1. März 1648.

Inzwischen hatte man, nach dem Hinweis der Marie Eichler, am 23. Februar den 74-jährigen Hans Kromsdorf gefangengesetzt. Der leugnete anfangs heftig, doch als ihm Marie Eichler ihre Worte direkt ins Gesicht sagte, gestand er zumindest, dass er mit seiner Fidel zum Tanz aufgespielt hätte. Das sei aber auf einer Wiese des Junkers von Bünau zu Wildenhain gewesen. Unter der Folter gestand er dann allerdings noch andere Sachen, z.B. dass eine der Tänzerinnen die Frau des Leinwebers Georg Graulich zu Meuselwitz gewesen sei.

Auch diese leugnete zunächst. Jedoch blieb ihr die Tortur nicht erspart, und unter Folterqualen räumte sie am 11. März den Umgang mit dem Teufel ein. Zusammen mit Hans Kromsdorf wurde sie zum Tode verurteilt und am 22. März auf dem Galgenberg lebendig verbrannt.

Marie Eichler hatte auch noch eine ziemlich betagte und lahme Witwe namens Katharina Deckner als Mittänzerin angegeben. Der Mann der später hingerichteten Graulich sagte über die Deckner aus, sie habe vor einigen Jahren einen Schubkarren mit einem Strick von ihm geliehen. Bei der Rückgabe habe er einen Knoten in dem Strick gefunden, und als er diesen lösen wollte, sei es ihm in die linke Hand, besonders in den Mittelfinger gefahren. Der Finger sei anschließend „so böse geworden", dass er sogar ein Glied des Fingers verloren hätte.

Die eigenen Söhne der Deckner wollten keine Bürgschaft für sie leisten und schlossen derlei „Rabenteufelei" für ihre Mutter nicht aus, obwohl sie selbst niemals etwas bemerkt hatten. Natürlich wurde auch Katharina Deckner gefangengenommen und am 20. März so furchtbar gefoltert, dass sie am 17. Mai an den Folgen starb, obwohl der Schöppenstuhl zu Leipzig sie schließlich doch wieder freigesprochen hatte.

Der schlimmen Vorfälle, gruseligen Folterungen und Hinrichtungen waren es leider noch nicht genug in Meuselwitz.

Im Jahr 1649 kaufte der schwedische Generalproviantmeister Johann Losse das Gut Meuselwitz. Bei ihm zog ein früherer Soldatenjunge namens Hans Michael Weinle als Knecht ein. Als dieser plötzlich im darauffolgenden Jahr schwere epileptische Anfälle bekam, hielt man dies erst für eine Folge der schlimmen Not jener Zeit. Doch es dauerte nicht lang, und die Überzeugung machte sich breit, dass der Junge vom Teufel besessen sei. Also brachte man den Kranken ins Gefängnis, wo er gestand, dass der Teufel in Gestalt einer Jungfrau zu ihm gekommen sei und ihn zur Unzucht verleitet habe. Er sei ein Bündnis mit ihm eingegangen, worauf der Teufel ihm die trockne Taufe auf den Kopf gegeben habe, was auch die Ursache für seinen Kopfschmerz sei. Dann wäre der Teufel in Gestalt eines kleinen, nur etwa 30 Zentimeter hohen Männchens mit einem viel längeren Bart zu ihm gekommen und habe ihm

eine Salbe gegeben, womit er die Frau Kanzlerin Münch aus Zeitz, die damals in Meuselwitz weilte, die Käsemutter und die Köchin geärgert und ihnen Schmerzen bereitet habe. Hans Weinle bekannte auch, dass ein Lehrer in Prag ihn in der Kunst zu zaubern unterwiesen habe und wie man Ungeziefer machen könne. Als man Weinles Mutter befragte, gab diese zu Protokoll, dass ihr Sohn bereits in der Schule wegen des Versuchs, die Zauberei zu erlernen, gemaßregelt und der böse Geist in ihm durch die Jesuiten ausgetrieben worden sei. Vor allem tue ihr leid, dass ihr Sohn bei den Lutheranern sitze und deren Religion angenommen habe. Hierauf ward Hans Meinel das Schwert zuerkannt, durch das er im April 1651 starb.

Viel später, im Jahr 1672, wurde die 80-jährige Witwe des früheren Schulleiters Georg Mengel von ihrer früheren Dienstmagd Anna Weber beschuldigt, sie habe vor 20 Jahren Buhlschaft mit dem Leibhaftigen getrieben. Auch wimmle es in ihrer Wohnung von Mäusen und unlängst habe man des Nachts gesehen, dass ihr Hof voll Feuer wäre und der Drache sich dort niederließe.

Da nun Ursula Mengel auch noch zu den „Mitschwestern" gehörte, die die 1649 verbrannten Personen (unter ihnen Marie Eichler) benannt hatten, setzte man sie gefangen und legte sie an eine Kette. Bei einer Hausdurchsuchung wurde bei ihr ein zweiköpfiger Taler gefunden, den sie nach Überzeugung des Gerichts nur vom Teufel erhalten haben konnte. Man machte ihr den Prozess und folterte sie auf Befehl des Jenaischen Schöppenstuhls. Sie hielt aber die Tortur, während der sich plötzlich ein furchtbarer Sturm erhob, aus und gestand nichts. Doch am 6. Dezember starb sie, denn die Verletzungen der Folter waren schließlich doch zu groß gewesen. Der Scharfrichter holte sie ab und scharrte sie unter dem Galgen ein.

Der Bierkeller in Gödern

Kein Mensch konnte bislang erklären, weswegen der Teufel offenkundig an dem einen Ort mehr Vergnügen hatte als an einem andern oder warum er diesem Menschen mehr nachstellte als jenem. So hatte der böse Geist sein besonderes Augenmerk häufig auf die Pfarrer geworfen. Vielleicht, weil sie ihm ins Handwerk pfuschten und zu viele Seelen für die Hölle wegfingen?

Seltsam sind desgleichen die Orte, an denen er den Pfarrern nachzustellen pflegte. Etwas sehr Merkwürdiges hat sich einst im Pfarrhaus zu Gödern ereignet.

Der dortige Bierkeller war ein solcher Ort, an dem der Teufel viel Freude zu haben schien! Trat der gerade amtierende Pfarrer hinein in den Keller, so war er verloren und musste alsbald sterben. Alle Bauern in Gödern wussten das, auch die hohen Herren in Altenburg hatten davon gehört. Als einst der Superintendent Sagittarius einen neuen Pfarrer in Gödern einsetzte, fragte er ihn schon vorher, wie er es denn mit dem Keller machen wolle. Der Pfarrer, der doch jung und unerfahren und nicht ganz sicher war, ob er dem Bierteufel siegreich entrinnen könne, antwortete, dass er den Keller lieber nicht betreten wolle. Und so hat er's auch gehalten.

◂ *Finster und blutig war das Kapitel der Hexenverfolgung in Meuselwitz.*

Blick zur Kirche in Gödern.

Der Teifel un der Omtmonn

ORIGINALFASSUNG ERNST DAUBE

Do is emol ver langer, langer Zeit e Omtmonn in Altenbork gewast, dos wor e aller gorschtjer Karl, un wu e nar de Leite ploge un schenge kon, do tot e's, un's wor jeder fruh, wenn e nischt mit 'n ze tun hotte un sich nich vun dan Grubione mußte loß onschnauze.

Dar Omtmonn ging emol an en Nochmittje, all racht schienes Wetter Watter wor, de Minser Leng naus spoziere. 's wor e schiener Sumertog, de Sunne schien hibsch worm, de Leng, die salt iernd holb su gruß worn wie heite, blieten, doß 's ene wohre Procht wor, de Voochel song, un unsen Imtmonne worsch hellsch wuhl ims Harze – nee, nich ims Harze, denn do hott' e keens, abber im Mogen. E kneppte sein Ruck uf un ließ sich de liebe Sunne uf sein dicken Bauch scheine, dar ene holbe Meile var'n uf der Stroße harwannerte. Su ging e ganz bumaale un vergniejt var sich hen.

Do kimmt uf eemol e langer Boomelj uf 'n zu un glutzt 'n unverfruurn aus sein Oogen on, all wal e 'n ufspieße, un tut gor nich dergleichen, all wal e de Mitze vun sein Kuppe ronger nahme awer sistwie Heel biete. Dos kimmt 'n Omtmonne abber doch e bißchen beehmsch veer, denn su ewos is 'n in sein ganzen Laam noch nich veergekumm, doß 'n eener su unverschaamt ongeguukt hot un nich dergleichen geton, all ging 'n dar Omtmonn iwerhaupt ewos on. E fuhr dan Kunden on.

„Kennst du mich vielleicht nich? War bistu denn eejentlich?"

„I, dich war ich doch kenne", meente dar, „ich hob dich doch su garn, wiej salten en Menschen gehott hobe, un ich denke, mir zwee warn noch gute Freinde minanner ware, ich bin namelj der Teifel."

Der Omtmonn wol's ierscht nich gleebe un guukte 'n verdachtj on, awer der Teifel lochte un wiß 'n sei Pfaarbeen hen, un noochen nomm e o de Mitze ob un ließ 'n seine Harner sah, do markt e nu wuhl, doß e 'n leibhoftjen Guttseibeiuns var sich hotte. E freete 'n:

„Wie kimmt's denn, do'ß de grode heite hie rimleefst, wu willte en henn?"

„Ich gieh nei uf Altenbork", seete der Teifel, „de mußt namelj wisse, ich hob heite mein Tok, danj jedes Gohr eemol hobe, wenn heite iemand vun mir ewos in Arnste winscht, heite darfjs 'n glei uf der Stelle derfille, un do willj nu nei in de Stodt, denn do baten se mich marre on all uf'n Dorfe, wu se's marre mit ehrn liem Gutte all mit 'n Teifel halln un wuj nich holb su veel Kondedoten far meine Helle hobe all in der Stodt. Do willj nu sah, abj heite en fetten Bissen fer mich wackschnoppe konn. Wenn dersch iernd Spoß mocht un de willster die Geschichte emol mit oonsah, konnste je mitkumme!"

Der Omtmonn worsch o zefreeden, denn e freite sich nich schlacht druf, doß es mit oonsah kan, wie enn der Teifel hulte, un se ging minanner in de Stodt.

Wie se nu hengern Schlusse reigiehn, do sahn se var en Hause ene Froo, die hot ene Sau ben Schwanze ongepockt un zarrt, wos se zarre konn, weil se se garn nei in Stoll hobe will. Awer de Sau sparrt sich un stemmt sich mit olln Viern ei und willsj dorchaus nich loß rimkreie, weil's er haußen in dar schinn Sunne uf'n weechen Miste besser gefellt all drinne in ehrn alln demsjen Stolle – saltjemol soch's namelj in Altenbork noch annersch aus wie heite un de Leite hotten uhm in dar Stroße ehrn Mist noch var der Hausteer. De Froo ward nu iwer dos widderspenstje Vieh ungeduldj un schreit:

„Dich Biest saal doch glei der Teifel hule!"

Weil nu der Teifel or nich dergleichen tot, all wenn e drufhierte un wetter gieh wol, hiel'n der Omtmonn be sein Ruckarmel feste un seete zen:

„Hoste nich gehiert, wos die Froo seete? Ich dachte, de freitst dich iwer die fette Sau un nemmst se mit!"

„Ja", meente der Teifel, „gleebste wuhl, doß die dos in Arnste geseet hot? Die weer schien heile, wennj er ehre Sau, ehre ganze Freede un ehrn Stulz, wal mitnahme."

Su ging se minanner wetter. Do kom se ong vern Schlusse an en Fuhrmonne verbei, dar in enn fort uf sei Pfard lusdruscht un's nich vun der Stelle kreit. Schließelj gieht'n de Geduld aus, un e schreit:

„Faule Krocke, huldj der Teifel!"

Der Omtmonn redte'n Teifel widder zu, doß e doch dos Pfard mitnahme sal, awer dar ging widder ruhj wetter un meente:

„Nee, dos brauchste nich ze gleem, doß's dan Arnst is. Dar orme Karl hot nar dos eene Hottchen, un dos muß'n derniehre, dar weersj racht umguuke, wennj'n ben Worte namhe wal."

Se ging wetter. Do sochen se ene Froo mit en klenn Kenge, dos se an der Hand fiehrte, de Borgstroße ronger komme. Dos Kleen wor uf eemol gorschtj un wol sich nich loß fiehre un bleekte, wos zen Holse raus wol. De Mutter gob'n ierscht gute Wort, awer wie's nu gor nich mieh hiere wol, wor se arjerlich un seete:

„Biste glei stille! Wart, dich soll doch glei der Bubanz hule!"

„Do sollte je nu uf eemol gor en Menschen kreie", meente der Omtmonn, „do greifste sicher zu un lißt der dan Fang nich aus'n Fengern gieh?"

„Nee", seet der Teifel, „dos mochmer nich, dos kleene Deng is der Mutter ehr Liebstes, un dar ward's nich su ims Harze sei, doß se dos wagen dan bißchen Geschreie wal hargabe."

Nun ging se minanner de Borgstroße non un die Spurngosse nei uf'n Morkt. Do wor grode Morkttok, un's wor e Laam un e Menschentruuwel, wie's gewehnelj an Morkttogen is. Die beeden ging nu uf der iwern Morktseite hen.

Do kumm e poor Manner, dan mersch uf hunnert Schritte onsieht, doß se e wingchen ze veel gelackt un schun monches eppchen mit reigenumm hunn un dodervun e wing in Trone sinn. Wie nu dar eene in sein Getorkele 'n Omtmonn ze sahn kreit, do spricht e laut zen annern:

„Du, guuk emol, dos is dar Omtmonn, dar Blutsauger, dar mich im meine beste Kuh gebrocht hot, 's weer warkelj nich schode, wenn dan der Teifel ball hule wall."

Kom hot der Teifel dos gehiert, do drieht e sich rim, kreit 'n Omtmonn ben Genicke ze pocken un spricht:

„Siste, dodruf hobj gewort! Dar meent's in Arnste, nu hilft der nischt mieh, nu biste meine", un wie e dos spricht, do mocht e sich mit'n Omtmonne seiner Siele dervunn in de Helle. (…)

Der Teufel und der Amtmann

Hochdeutsche Fassung

Vor langer, langer Zeit, da lebte in Altenburg ein Amtmann, das war ein wirklich garstiger Kerl. Er drangsalierte und plagte die Leute, wo er nur konnte, und jeder war froh, wenn er nichts mit ihm zu schaffen hatte und sich von ihm beschimpfen lassen musste.

An einem schönen Nachmittag ging nun dieser Amtmann die Münsaer Linden rauswärts spazieren. Es war ein herrlicher Sommertag, die Sonne schien und die Linden, die damals nur halb so groß waren wie heute, blühten, dass es eine wahre Pracht war. Die Vögel zwitscherten, und unsrem Amtmann war es höllisch wohl ums Herz – ach nein, nicht ums Herz, denn da hatte er ja keins, aber im Magen war's ihm wohl. Er knöpfte seinen Rock auf und ließ sich die liebe Sonne auf seinen dicken Bauch scheinen, der eine halbe Meile vor ihm auf der Straße herwanderte. So ging er vergnügt und ganz gemütlich vor sich hin.

Plötzlich kam ein baumlanger Kerl des Wegs und glotzte ihn unverfroren aus seinen Augen an, als wollte er ihn aufspießen, und er machte auch keine Anstalten, seine Mütze zum Grüßen abzunehmen.

Das erschien dem Amtmann ziemlich eigenartig, denn solcherlei war ihm in seinem ganzen Leben noch nicht vorgekommen, dass ihn jemand so unverschämt angeguckt und so getan hat, als ginge ihn der Amtmann überhaupt nichts an.

Er fuhr den Kerl an:

„Kennst du mich vielleicht nicht? Wer bist du eigentlich?"

„Ach, dich kenne ich schon", meinte der, „ich hab dich doch so gern, wie ich selten jemanden gerne hatte. Wir zwei werden noch gute Freunde werden, ich bin nämlich der Teufel."

Der Amtmann wollte das erst nicht recht glauben und schaute argwöhnisch, aber der Teufel lachte und zeigte ihm sein Pferdebein hin. Dann nahm er auch die Mütze ab und die Hörner kamen zum Vorschein. Da merkte der Amtmann wohl, dass er den leibhaftigen Gottseibeiuns vor sich hatte und fragte:

„Wie kommt's denn, dass du grade heute hier rumläufst? Wo willst du denn hin?"

„Ich gehe nach Altenburg rein", sagte der Teufel, „ich habe heute nämlich meinen Tag, musst du wissen, den ich jedes Jahr nur einmal habe. Wenn heute jemand von mir etwas im Ernst wünscht, darf ich's ihm auf der Stelle erfüllen. Und daher will ich in die Stadt, denn dort beten die Menschen mich mehr an als auf dem Dorf, wo sie's eher mit dem lieben Gott halten und wo ich nur halb so viele Kandidaten für meine Hölle habe wie in der Stadt. Da will ich nun sehen, ob ich heute einen fetten Bissen für mich wegschnappen kann. Wenn dir's Spaß macht und du dir die Sache mit ansehen willst, kannst du ja mitkommen.

Der Amtmann war's zufrieden, denn er freute sich nicht wenig darauf zu sehen, wie jemand vom Teufel geholt wurde. Und so gingen sie miteinander in die Stadt.

Wie sie nun hinterm Schloss langliefen, sahen sie vor einem Haus eine Frau, die hatte eine Sau beim Schwanz gepackt und zerrte, was sie zerren konnte, weil sie sie gern im Stall haben wollte. Aber die Sau wollte nicht und stemmte sich mit allen Vieren dagegen und war nicht zu überzeugen, reinzugehen, weil's ihr draußen in der schönen Sonne auf dem weichen Mist besser gefiel als drin in ihrem dämsigen Stall. Damals sah es in Altenburg nämlich ganz anders aus als heute und die Bewohner dieser Straße hatten ihren Misthaufen noch vor der Haustür. Die Frau verlor nun langsam die Geduld mit dem widerspenstigen Vieh und schrie:

„Dich Biest soll doch gleich der Teufel holen!"

Weil nun der Teufel nichts dergleichen tat und weitergehen wollte, hielt ihn der Amtmann am Rockärmel fest und sagte:

„Hast du nicht gehört, was die Frau gesagt hat? Ich dachte, du freust dich über die fette Sau und nimmst sie mit!"

„Ja", meinte der Teufel, „glaubst du denn, dass sie das ernst gemeint hat? Die wird schön heulen, wenn ich ihre Sau, ihre ganze Freude und ihren Stolz, wollte mitnehmen."

So gingen sie miteinander weiter. Unten vorm Schloss begegneten sie einem Fuhrmann, der unentwegt auf sein Pferd eindrosch und es doch nicht zum Laufen kriegte. Schließlich riss ihm der Geduldsfaden und er schrie:

„Faule Krücke, hol dich der Teufel!"

Der Amtmann redete dem Teufel wieder zu, dass er doch das Pferd mitnehmen soll, aber der ging erneut ruhig weiter und meinte:

„Nein, du brauchst nicht zu glauben, dass es dem ernst ist. Der arme Kerl hat nur das eine „Hottchen" (Pferd), und das muss ihn ernähren. Der würde sich recht umgucken, wenn ich ihn beim Wort nehmen wollte."

Sie gingen weiter. Da sahen sie eine Frau mit einem kleinen Kind an der Hand die Burgstraße herunterkommen. Das Kleine war mit einem Mal garstig, wollte sich nicht mehr an die Hand nehmen lassen und plärrte, was das Zeug hielt. Die Mutter versuchte es erst im Guten, aber wie es nun gar nicht mehr hören wollte, wurde sie ärgerlich und sagte:

„Biste gleich stille! Warte, dich soll doch gleich der Bubanz holen!"

„Da sollst du nun auf einmal gar einen Menschen kriegen", meinte der Amtmann, „da greifst du sicher zu und lässt dir den Fang nicht entgehen?"

„Nee", sagte der Teufel, „das machen wir nicht, das kleine Ding ist der Mutter ihr Liebstes, und das würde sie nie wegen dem bisschen Geschrei hergeben wollen."

Nun gingen sie miteinander die Burgstraße runter und durch die Sporengasse zum Markt. Da war grade Markttag und es herrschten ein Leben und Menschentrubel, wie das eben an Markttagen für gewöhnlich so ist.

Die beiden liefen nun auf der oberen Marktseite lang, da kamen ein paar Männer, denen man auf hundert Schritt ansah, dass sie ein bisschen zu viel „genascht“ und schon manches „Eppchen“ mitgenommen hatten und davon ein wenig „im Tran“ waren.

Wie nun der eine in seinem Getorkele den Amtmann zu sehen kriegte, sagte er laut zu seinen Kumpanen:

„Du, guck mal, das ist der Amtmann, der Blutsauger, der mich um meine beste Kuh gebracht hat. Es wäre wirklich nicht schade, wenn den der Teufel bald holen würde.

Kaum hatte der Teufel das gehört, drehte er sich rum, packte den Amtmann beim Genick und sprach:

„Siehste, da drauf hab ich gewartet! Der meint es ernst, nun hilft dir nichts mehr, nun bist du mein“. Und wie er dies sprach, machte er sich mit der Seele des Amtmanns auf und davon in die Hölle. (...)

Die Bank am Herrenhaus in Posterstein

Seit uralten Zeiten steht am Herrenhaus zu Posterstein eine massive eiserne, mehrere Meter lange Bank. Eigentlich handelt es sich dabei um einen Türflügel mit einer geheimnisvollen Inschrift, die noch niemand zu entziffern vermochte. Eines Nachts hatte irgendwann einmal ein Unbekannter diese Bank dorthin gebracht, seitdem stand sie da und war durch nichts wieder zu entfernen.

Vier starke Männer versuchten es eines Tages und schafften sie zur Dorfschmiede, wo sie verarbeitet werden sollte, doch am folgenden Morgen stand sie wieder an der alten Stelle, und so ist es immer gewesen, ganz gleich, was die Postersteiner versucht haben. Einmal hatte man die Bank sehr weit fortgeschafft. Doch in der folgenden Nacht hat ein einziger Mann die Platte den Berg wieder raufgetragen. Nur der Teufel, sagt man, könne das gewesen sein.

Zauberbuch und Drache

In den Dörfern unseres Sprottentales glaubten die Menschen in den alten Zeiten an allerhand; Hexen und Drachen waren so selbstverständlich „anwesend“ wie heute ein Telefon. Man fürchtete sich auch vor Menschen, die offenbar Zauberkräfte hatten, und vor allem vor jenen, die das 6. und 7. Buch Mosis besaßen.

Dieses Zauberbuch voller geheimnisvoller Formeln und Sprüche verlieh dem Besitzer Kraft über Menschen und Tiere. Er konnte Menschen, Tiere und Fuhrwerke bannen, Krankheiten und Seuchen besprechen, das Feuer dämmen und die Menschen kugel-, stich- und hiebfest machen. Für alles gab es einen Zauberspruch darin. Die Leute, die sich auf diese fragwürdige Kunst verstanden und die Unwissenheit der Mitmenschen ausnutzten, häuften oft ein Vermögen an. Im Volksmund hieß es, dass diese Menschen den „Drachen" hätten – ein Spruch, den man heute noch oft hört, wenn jemandem in einer Sache alles gelingt.

Damals natürlich behaupteten die alten Dorfbewohner, den Drachen leibhaftig gesehen zu haben, wie er als feuriger Vogel mit glühendem Schwanz zum Schornstein hineingeflogen sei oder wie er als dreibeiniger Hase auf dem Kreuzweg gehockt habe. Es hieß auch, dass jemand, der den Drachen hatte, nicht sterben konnte, es sei denn, er überschrieb den Drachen auf einen anderen Menschen. Das Schriftstück musste mit Menschenblut unterzeichnet werden. Den vorherigen Drachen-Besitzer musste man anschließend im Pferdemist verscharren oder einfach auf den Misthaufen legen, erst dann konnte er sterben. Andernfalls musste er zu nächtlicher Zeit spuken und umgehen.

Auch gab es einen guten und einen bösen Drachen. Der eine brachte den fleißigen, strebsamen Bauern immer mehr Reichtümer ins Haus, der andere hingegen nahm den faulen, liederlichen Menschen alles weg.

In Posterstein trug es sich einmal zu, dass die Knechte und Mägde eines Bauern jeden Sonntag eine weiße Mehlspeise („Mehlpabs") zu essen bekamen. Die Großmagd wollte gern herausfinden, weshalb. So ging sie eines Sonntags nicht mit in die Kirche und versteckte sich hinter einer Tür in der Küche. Als alle anderen das Haus verlassen hatten und die Bauersfrau glaubte, allein zu sein, öffnete sie die schwere Tür ihres Backofens und rief: „Hänschen, Manschen geek, lauter weißen Teeg." Da antwortete eine Stimme aus dem Backofen: „Es gukt, es gukt!" Eilig durchsuchte die Bauersfrau die Küche und fand die erschrockene Magd hinter der Tür. Auf der Stelle musste sie ihre Sachen packen und den Hof verlassen.

Ein anderes Mal hatte der Knecht des Bauern Schumann herausgefunden, dass sein Dienstherr das 6. und 7. Buch Mosis besaß. Eines Tages waren die Bauersleute zu einem Festschmaus nach Heukewalde gefahren, da durchstöberte er alle Schränke und Fächer, bis er das Zauberbuch gefunden hatte. Nun begann er, darin zu lesen. Doch während er blätterte, hub blitzartig ein Rauschen und Tönen an, dass ihm himmelangst wurde. Ein Schwarm schwarzer Vögel kam in die Kammer geflogen und umschwirrte seinen Kopf. Die Vögel ließen ihn nicht von der Stelle und so musste er da sitzen bleiben, bis der Bauer vom Fest nach Hause kam. „Wer nichts von solchem Buche versteht, der soll auch nicht darin lesen!", brummte der Bauer missmutig. Dann nahm er das Buch, drehte es herum und las von hinten her rückwärts; und schon war der Spuk verschwunden.

Auch ein Rittergutsarbeiter hatte einmal eine sonderbare Begegnung. Er lief vom Kreuzweg am Bauerngut den Weg zur Rothenmühle entlang. Plötzlich hoppelte vor ihm ganz ohne Scheu ein Hase. Als er ihn jedoch fangen wollte, entwischte er jedes Mal. Zuletzt hoppelte er in die Rothenmühle und verschwand unter dem Tor. Am Abend erzählte der junge Mann den Knechten im Pferdestall von seinem Erlebnis. Da erfuhr er, dass der Hase ein Drache des alten Rothenmüller sei.

Eines Tages musste der Rittergutsarbeiter Getreide in die Rothenmühle fahren, da hoppelte derselbe Hase wieder vor ihm her. Rasch griff er einen Knüppel und warf ihn dem Hasen zwischen die Beine, dass dieser aufschrie und lahmend verschwand. Als der Knecht an der Mühle anlangte, lag der alte Rothenmüller an der Treppe zu seiner Mühle, jammerte ganz erbärmlich und klagte über sein rechtes Bein. Die Knechte hatten also recht gehabt: Der Rothenmüller hatte den Drachen!

Die Hexen in der Walpurgisnacht

Der düstere Glaube an Hexen und böse Geister war vor allem auf dem Land weit verbreitet. Die Bauern pflegten verschiedene Rituale, um die Hexen von ihren Höfen fernzuhalten, denn es galt vor allem, ihr Vieh vor Krankheit und Tod zu schützen. Das war auch in Nischwitz nicht anders. Dort gab es seit jeher einige alte Bräuche, die besonders in der Walpurgisnacht beachtet werden mussten. In der Nacht vom 30. April auf den 1. Mai reiten bekanntermaßen sämtliche Hexen auf ihren Besen und Ofengabeln zu einem Hexentanzplatz (der oft auch Rupperts- oder Bloksberg heißt).

Am Abend des 30. April fütterten die Nischwitzer, wie auch die Bauern in anderen Orten, sehr zeitig ihr Vieh. Dann verriegelten sie alle Ställe besonders fest, denn die durchziehenden Hexen konnten ja Kühe, Schweine oder Pferde krank machen oder töten. Die jungen Männer und Frauen des Ortes zogen in der Nacht lärmend und johlend durch den Ort, um die Hexen geräuschvoll zu vertreiben. Pistolenschüsse krachten und Peitschen knallten! An jede Stalltür malte man mit Kreide drei Kreuze, denn man glaubte, einen so gekennzeichneten Stall würde das Böse scheuen. Vielerorts band man auch Besenreisig an die Türen, was den gleichen Zweck erfüllte.

Der Reiter ohne Kopf

Eine grausige Erscheinung, die jäh auftauchte und wieder verschwand, war der Reiter ohne Kopf, der mit hängendem Zügel durch Heyersdorf jagte, durch den Klotzgraben auf dem ehemaligen Heyersdorfer Mühlweg „Auf der Lage“ dahinsauste bis auf die Höhe vor Gösau. An der Stelle, wo die große Linde steht, machte er stets kehrt und ritt zurück. Manche sahen ihn als feurige Gestalt auf einem Flammenross „im Friedrich“ (wüste Mark). Und um Mitternacht versuchte er, durch die großen Tore in die Bauerngehöfte hineinzureiten.

Eine Frau aus Köthel, die als sogenannte Aufwartung im Gößnitzer Gasthaus „Zum Gambrinus“ arbeitete, musste nach ihrem Dienst gegen Mitternacht den Heimweg antreten. Als sie durch Hainichen schon durchgegangen war, kam aus dem letzten Haus eine Frau mit einer Laterne und warnte sie, bloß nicht weiterzugehen. Sie lief aber trotzdem weiter. Im finsteren Wald vernahm sie plötzlich ein Schnauben und Knacken und mit einem Mal stand ein Reiter ohne Kopf vor ihr. Sie sagte nur: „Guten Abend“ zu ihm, worauf er sofort verschwand.

Im Wald bei Hainichen.

’s Wietenhier

ORIGINALFASSUNG ERNST DAUBE

Heitzetoge warn die Leite olle Toge saltener, die noch ewos vun Wietenhiere wissen, abber’s gibt er immer noch, die dervun derzohle kunn. Mir hot derheeme de alle Dorthee, ene alle orbeitsene Fro, die schun an de fufzi Gohr uf dansalm Flacke georbeit hot un die noch in ehrn alln Gohrn wagen ehrer Orbeitswut un ehrn schorfen Uffbossen der „Faldwabel“ genannt ward, e bor Stickchen dervun derzohlt, diej o fehr annere weiter derzohle will.

Jo, meente Dorthee, dos wor frieher ze meiner Zeit annersch, do gleebten de Leite noch ewos, heitzetoge, do denkt kee Mensche mieh dron, wenne an Himmelfohrtstoge mit ener Niehnahle nieht, doß’n de Gewitter ’s ganze Gohr mussen nochzieh. Ich bin nu schun ene alle Fro, abber su alt wiej geworn bin, an den Toge hobj noch keene Niehnahle ongeruhrt, ich hob mer immer geducht, wenn dar Tog nich in der Wuche weer, do kann mer doch o nich an ’n flicke.

Mit ’n Wietenhiere is grode su. Meine Mutter hot’s salber emol sah kumme, die hot mer die Geschichte veelmol derzohlt. Salt hotten de Huhnkarchschen heng be ehrn Pforrhulze rachte schiene Arbs gehott, un meine Mutter un noch ene Fro woln sich emol be der Nacht en Korb vull mause. ’s muchte su frieh im zwee rim sei, all se mitenanner dorch’n Braunser henger giehn, do spricht uf eemol die Fro:

„He horch nar, Guste, uhm in Huhnkirchen draschen se schun.“

Meine Mutter spricht: „Nu doch nich iernd schun frieh im zwee“, un komm hot se dos geseet, do gieht e Gekloppere un e Gesause un e Gebrause lus, meine Mutter sieht nar noch, wie vurnwag e schreckeljer Monn gerannt kimmt, un derhengerhar klautschen ene Hard Hunde, un ’s wor hechste Zeit, doß die beeden Weibsen ausrissen, wos ’s Zeig hiel. Se kom glickelj noch dervun, ’s Wietenhier sauste ibber de Heiser wag un kohrte in Dorfe in Schlenzjs Hause ei, un nochen wor olles stille. Abber die beeden hette kee Mensch be der Nocht widder naus gebrocht, un wenn se de ollerschennsten Arbs derfeer hetten sullt kreie.

Bei Schlenzjs in Dorfe kohrte ’s Wietenhier ollemol ei, wenn sich’s ließ sah, un de Leite hotten ehre Nut un Angst dermit. Se wußten nich, wie se dan Spuck soln lusware, abber am Ende huns se’s doch noch fartj gebrocht. Do gob’n emol eens dan Rot, wenn’s widderkeem, saln se’n zurufe, ’s sal’n doch o emol ewos mitbrenge. Un richtj, wie’s Wietenhier widder emol do gewast is, do leet’n annern Tog e Stickchen alt Luder ong in der Stobe uf’n Tische. Se sin nich schlacht derschrucken un schmeißen’s naus uf’n Mist, abber wie se widder in de Stobe kumm, do leet’s widder drinne uf’n Tische un is nich fortzebreng. Do spricht dar, dar’n ierscht dan Rot gegan hot, wenn’s Wietenhier widder keem, saln se o noch Salz ze dan Fleesche bestelle, un dos mochen se a su. Salz konn’s abber nich brenge, un ’n annern Tog wor o dos Luder wag, un seit dar Zeit hot sich in dan Hause nischt mieh loß sah.

O be Keene heng is’s emol gesahn worn. Do gieht emol de Nocht e Monn dorch’n Kiefergrom vun Keene veer, un wie e raus ins freie Fald kimmt, do hiert e henger sich de Hunde klautsche, e weß glei, doß’s Wietenhier is, un leet sich plott hen uf’s Fald, denn do gieht’s ibber en wag. Dar Monn kom o mit’n Schracke dervun. An annern Toge abber meent’ e, e walsich nar dos Fald emol be Toge onsah, do mißte doch olles reene waggekohrt sei, ’s weer’n gewast, wie e su salt geleen hette, all weern lauter Basen ibber sein Buckel waggefohrn. E is o henger dernoch gegang, abber ze sahn gekricht hot e nischt.

Noch veelmol weßj, doß’s Wietenhier do gewast is, un frieher do soch mer sich im Wolborge rim mit’n Hunden veer, denn wemmer die de Nocht draußen ließ, die nomm’s ganz sicher mit.

Heite hiert mer nischt mieh dervun, abber heite gleebt o niemand nischt mieh.

Das Wüthenheer

Hochdeutsche Fassung

Heutzutage werden die Leute alle Tage seltener, die noch etwas vom wütenden Heer wissen, aber es gibt welche, die davon erzählen können. Mir hat zu Hause die alte Dorothee, eine alte arbeitsame Frau, die schon an die fünfzig Jahre auf dem selben Fleck gearbeitet hatte und die noch in ihren alten Jahren wegen ihrer Arbeitswut und ihrem scharfen Aufpassen der „Feldwebel" genannt wurde, ein paar Stückchen davon erzählt, die ich für andere weitererzählen will.

Ja, meinte Dorothee, das war früher zu meiner Zeit anders, da glaubten die Leute noch etwas, heutzutage, da denkt kein Mensch mehr dran, dass, wenn man am Himmelfahrtstag mit einer Nähnadel näht, die Gewitter einem das ganze Jahr nachziehen. Ich bin nun schon eine alte Frau, aber so alt wie ich geworden bin, an dem Tag hab ich noch keine Nähnadel angerührt. Ich hab mir immer gedacht, wenn es den Tag überhaupt nicht in der Woche gäbe, da könnte man doch auch nicht an ihm flicken.

Mit dem wütenden Heer ist es gerade so. Meine Mutter hat es selber einmal kommen sehen, die hat mir die Geschichte vielmals erzählt. Damals hatten die Hohenkirchner hinten bei ihrem Pfarrholz recht schöne Kartoffeln gehabt, und meine Mutter und noch eine Frau wollten sich einmal in der Nacht einen Korb voll stehlen. Es mochte so früh um zwei herum gewesen sein, als sie miteinander durch den Braunshainer Wald gingen, da sprach auf einmal die Frau.

„He, horch nur, Guste, oben in Hohenkirchen dreschen sie schon."

Meine Mutter sprach: „Nu doch nicht schon früh um zwei", und kaum hatte sie das gesagt, da ging ein Geklapper und Gesause und Gebrause los. Meine Mutter sah nur noch, wie vornweg ein schrecklicher Mann gerannt kam, und dahinter kläffte eine Horde Hunde, und es war höchste Zeit, dass die beiden Weiber ausrissen, was das Zeug hielt. Sie kamen glücklich davon. Das wütende Heer sauste über die Häuser weg und kehrte im Dorfe in Schlenzigs Haus ein, und danach war alles still. Aber die Beiden hätte kein Mensch in der Nacht wieder hinausgebracht, und wenn sie die allerschönsten Kartoffeln dafür hätten kriegen können.

Bei Schlenzigs im Dorf kehrte das wütende Heer immer wieder ein, wenn es sich sehen ließ, und die Leute hatten ihre Not und Angst damit. Sie wussten nicht, wie sie den Spuk loswerden sollten, aber am Ende haben sie es doch noch fertiggebracht. Da gab einmal jemand den Rat, wenn es wiederkäme, sollten sie ihm zurufen, es solle doch einmal etwas mitbringen. Und richtig, wie das wütende Heer wieder einmal dagewesen ist, da lag am anderen Tag ein Stückchen altes Fleisch unten in der Stube auf dem Tisch. Die Leute sind nicht schlecht erschrocken und schmissen es auf den Mist, aber wie sie wieder in die Stube kamen, da lag es wieder drinnen auf dem Tisch und es war nicht fortzubringen. Da sprach der, der ihnen erst den Rat gegeben hatte: Wenn das wütende Heer wiederkäme, sollten sie auch noch Salz zu dem Fleisch bestellen, und das machten sie auch so. Salz konnte es aber nicht bringen, und am anderen Tag war das alte Fleisch weg. Und seit der Zeit hat es sich in dem Haus nicht wieder sehen lassen.

Auch bei Kühne hinten ist es einmal gesehen worden. Da ging einmal nachts ein Mann durch den Kiefergraben vom Kühne her, und als er raus ins freie Feld kam, da hörte er

hinter sich die Hunde kläffen. Er wusste gleich, dass es das wütende Heer war, und legte sich flach aufs Feld, denn da ging es über ihn hinweg. Der Mann kam mit dem Schrecken davon. Am anderen Tag aber meinte er, er wolle sich mal das Feld bei Tage ansehen, da müsste doch alles rein weggekehrt sein. Es war ihm gewesen, als er so dort gelegen hatte, als wären lauter Besen über seinen Rücken weggefahren. Er ist auch dort hingegangen, aber gesehen hat er nichts.

Noch viele Male, weiß ich, dass das wütende Heer da gewesen ist. Früher, da sah man sich um Walpurgis herum mit den Hunden vor, denn wenn man die in der Nacht draußen ließ, die nahmen sie ganz sicher mit. Heute hört man nichts mehr davon, aber heute glaubt auch niemand mehr was.

Das wütende Heer

Einst wanderte ein gar ärmlich gekleideter Mann mit einem spitzen Hut auf dem Kopf mit seinem kleinen Hund von Gehöft zu Gehöft. Sonderbarerweise schlossen sich ihm alle Hunde des Dorfes an. Laut bellend, heulend, lärmend, tobend stürmte die Meute fort. Nach unzähligen Tagen, in denen die Besitzer ihre Tiere schon abgeschrieben hatten, kamen die Hunde doch wieder zurück: japsend, elend, abgezehrt, hinfällig und krank. Wenn irgendwo viel wüster Lärm herrscht, so heißt es noch heute: „Es klingt, als ob das Wüthenheer käme."

Der wilde Jäger von Nischwitz

Eine gar schauerliche Sage berichtet, dass früher der wilde Jäger über Nischwitz und Heukewalde hinweggezogen sei. Wenn er kam, dann suchte er sämtliche Bauernhöfe auf und führte die dort lebenden Hunde mit sich. Die armen Tiere kamen am nächsten Morgen völlig abgehetzt, schweißtriefend, mit staubigem und schmutzigem Fell zurück auf ihren Hof getrottet. Die Bauern meinten nun, sie könnten ihre Hunde schützen, indem sie einen komplizierten Kreuzknoten aus Baststroh machten und die Tiere damit festbanden, sodass der wilde Jäger sie nicht mitnehmen konnte. Doch es kam weit schlimmer: Am anderen Morgen sind alle Hunde in den Höfen tot gewesen.

Ein geheimnisvolles Licht

Eine gar gruselige Begebenheit ereignete sich in einem Bauerndorf nahe Altenburg. Auf dem Boden eines Nachbarn bemerkten die Bauern eines Nachts ein Licht. Sie schauten heimlich nach und hörten eine traurige Stimme. Das war ohne Zweifel die ihres Nachbarn. Der sprach, *er* solle sich bitte noch vier Wochen gedulden. Die Bauern wunderten sich. Wen meinte der Nachbar? Eine andere Stimme sagte nun: „Deine Zeit ist um, alles Reden ist umsonst. Habe ich dir“, fragte diese eigenartige Stimme, „nicht in all den Jahren immer gedient? Schlimmer als ein Sklave?“

Da bat endlich der Bauer den anderen, ihm wenigstens bis zum Montag Zeit zu geben und ihm die große Schande zu ersparen. Also wurde verabredet, dass der Bauer am kommenden Montag mit einem zweirädrigen Karren zu einer gewissen Stelle fahren solle. Dort würde es dann geschehen.

Am Montag hieß es auf einmal im Dorf, besagtem Nachbarn seien die Pferde durchgegangen. In diesem Moment brachte man dessen arg zugerichteten Leichnam die Dorfstraße hoch. Nur die Lauscher wussten, was sich zugetragen hatte – doch sie schwiegen wie ein Grab.

Der Brautschwur

Früher war es nahezu unmöglich, dass Arm und Reich einander heiraten konnten. Man ehelichte jemanden innerhalb seines Standes. In Schmölln passierte es nun einmal, dass eine reiche Jungfrau einem schönen, aber sehr armen Burschen die Ehe versprochen hatte. Der junge Mann konnte das jedoch nicht so recht glauben, denn seine Verlobte war in ihrer Art auch recht wankelmütig. Da wollte sie ihn beruhigen und tat einen unheilvollen Schwur: „Wenn ich einen anderen als Dich nehme, so hole mich der Teufel auf der Hochzeit!“

Nun geschah es, dass sie tatsächlich nach einiger Zeit einen anderen, sehr reichen Mann kennenlernte. Auch auf das Zureden aus ihrer Verwandtschaft änderte sie ihre Meinung, ganz

gleich, wie oft ihr erster Bräutigam sie an ihren Schwur erinnerte. Sie schlug alle Warnungen in den Wind, verließ den ersten Mann und hielt Hochzeit mit dem anderen.

Am Tage ihrer Hochzeit gab es ein großes Fest mit zahlreichen Gästen, die fröhlich feierten. Die Braut jedoch wurde immer trauriger, denn sie musste andauernd an das Versprechen denken. Gegen Abend kamen zwei Edelleute zum Brauthaus geritten. Man empfing sie, weil man dachte, sie seien geladene Gäste, führte sie zu Tisch und bewirtete sie aufs Köstlichste. Nach dem Essen durfte einer der Edelmänner zu Ehren der Braut mit ihr einen Reigen tanzen. Sie tanzten und drehten sich, flogen über die Tanzfläche dahin, immer schneller ging es, bis sie sich zur Tür hinausdrehten. Draußen erhob sich ein Brausen und Tosen, und hinauf ging es mit der jungen Braut, die – einer Ohnmacht nahe – von dem Edelmann durch die Lüfte entführt wurde. Im Brauthaus glaubte man an eine der üblichen Brautentführungen. Doch am anderen Tag suchten die besorgten und traurigen Eltern zusammen mit dem Bräutigam nach ihr. Man dachte, sie liege vielleicht auf einem Feld und suchte auf allen Wegen. Da begegneten ihnen die beiden Edelleute, doch die brachten nur die Kleider und den Brautschmuck der jungen Frau wieder.

Aberglaube und Wundersames

Schutzzauber und Festmachen

Die Zeiten, in denen man fest an Hexerei, Teufel, Gespenster und Reiter ohne Kopf glaubte, sind zumindest in unsren Breiten längst vorüber. Doch auch die Aufklärung und das Zeitalter der Wissenschaft vermochten nicht jeglichen Aberglauben auszurotten. Speziell in Not- und Krisenzeiten, seien sie nun reell oder nur persönlich empfunden, scheint der Glaube an okkultische Dinge, Heilslehren und Wahrsagerei zuzunehmen.

Unsere Vorfahren in der hiesigen Gegend, die wir heute Altenburger Land nennen, waren fest in diesen Gedankenwelten des Aberglaubens verstrickt. Besonders stark war der Glaube an das sogenannte Festmachen. Um dies zu beherrschen, musste man einen ererbten Schlüssel besitzen und eine Zauberformel lernen. Wer beides hatte, konnte sein Hab und Gut jederzeit allein lassen, ohne befürchten zu müssen, dass ihm jemand etwas stehlen konnte. Der Erbschlüssel bewegte sich nämlich, wenn eine diebische Person im Eigentum stöberte. Jetzt musste man nur die betreffende Zauberformel sprechen, und der Dieb wurde steif wie ein Stock. Er kam nicht mehr von der Stelle, war also festgemacht. Die Zauberformel hatte folgenden Wortlaut:

Die Herren sein mir alle gut,
Sie waschen sich alle mit des Heiligen Christo Blut,
Sie trinken alle draus,
Das helfe mir Gott der Vater, Gott der Sohn, und Gott der Hl. Geist.
Maria trat in den Garten,
Wollt ihr Kindlein warthen,
Kam zu ihr der Hl. Engel Raffael, der Hl. Engel Gabriel,
Der Hl. Engel Michael, der Hl. Engel Daniel,
Daniel sprach, ich sah 3 versammelte Diebe stehen,
Die wollten dir dein anvertrautes Kindlein stehlen,
Maria sprach: Sankt Petrus bind' ein Mahl,
Sankt Petrus sprach, ich hab ihn gebunden, mit allen
unseren banten, und mit Gottes Händen;
Daniel sprach, ich sehe ihn stille stehn, und nimmer gehn.

Nun kehre die Hand um, kehre das Gewand um,
Kehre den Hut um, kehre die Schuhe um,
Es wird dir doch nichts helfen,
Denn du sollst stehen als wie ein Stock, und scharren wie ein Bock.
Du musst zählen alle Sterne, die an dem Himmel sind,
Musst zählen alles Laub und Gras,
Das zwischen Himmel und Erde wächst,
Musst zählen alle Stock und Stein,
Musst zählen alle Sandkörnlein,
die in den wilden Meeren liegen und schwimmen.
So gib der Himmel zu einem Hut,
Gottes Kraft zu einem Stab,
Dass der Dieb oder die Diebin nicht weggehen mag,
In die Erde musst du sinken,
Dein Herz muss dir ertrinken,
Dein Mund muss dir verstummen,
Dass du nicht von dannen kannst kommen,
Bis ich selber über dich komm',
Und mit meiner Zunge Urlaub gebe,
Der Teufel möcht' auf dir sitzen,
Der Teufel möcht' dich erwürgen,
So bitt' ich alle Hl. Engel, die dir im ganzen Jahr einfallen,
Sie wollten mir den Dieb oder die Diebin behalten,
So lang ich selber über ihn komm',
Und mit meiner Zunge Urlaub gebe,
3 Vaterunser, und den christl. Glauben gebetet.

Der auf diese Weise festgemachte Dieb konnte nun überführt und zur Rechenschaft gezogen werden. Er musste warten, bis er wieder freigemacht wurde. Geschah dies nicht vor Sonnenuntergang, dann wurde der Dieb schwarz. Die folgenden Worte gaben dem Dieb die Freiheit wieder:

Komm daher Jesu Christus' Hand,
ich löse dich von allen Teufelsbanden,
und schlage dich wieder in Jesu Christus' Hand.
Christlich Gottesgerichtshaus, alle die drinne sein,
Wenn sie gleich dolden wie der Bock,
so müssen sie schweigen wie der Stock.
Das helfe mir Gott der Vater, Gott Sohn, Gott hl. Geist.

Die Menschen nutzten das Festmachen auch, wenn sie hofften, einen Vorteil zu erringen. Unter der Landbevölkerung im Altenburgischen gab es vor 150 Jahren noch zahlreiche Handel treibende Fuhrleute. Sie fuhren sogar bis nach Stralsund, um fremdländische Nüsse, Fisch und andere Waren einzukaufen, die sie dann auf den heimischen Märkten günstig absetzen wollten. Natürlich wollte jeder Händler der Erste auf dem Markt sein. Nur so standen die Chancen gut, schnell und mit ordentlichem Gewinn die Waren verkaufen zu können, ehe der Markt völlig überfüllt war. Beherrschte ein solcher Fuhrmann oder Händler das Festmachen, brauchte er nichts weiter zu tun als seine unterwegs befindlichen Konkurrenten festzumachen, bis er seine Waren verkauft hatte.

Natürlich gab es damals keine asphaltierten Straßen, die Wege waren miserabel, eng und bei schlechtem Wetter aufgeweicht. Folglich kam es recht oft vor, dass sich ein Fuhrmann mit seinem schwerbeladenen Wagen festfuhr. Das Fuhrwerk wieder flott zu bekommen, dauerte dann auch eine ganze Weile. Jedoch sah man die Ursache nicht in den Wegeverhältnissen, sondern man nahm an, dass ein hinterhältiger Geschäftsneider die Schuld trage und das Festmachen angewendet habe. Um sich nun freimachen zu können, sollte man von einem Wagenrad die 13. Speiche zerschlagen und die Festmach-Formel rückwärts beten. Angeblich wurde auf diese Weise nicht nur der vermeintlich Festgemachte frei, sondern auch gleich der Urheber des Übels selbst wurde nun festgemacht und so mit seiner eigenen Waffe geschlagen.

Natürlich ist es ein uralter Wunsch der Menschen, die Gesundheit an sich selbst und an nahestehenden Menschen erhalten oder wenigstens schnell wiederherstellen zu können.

Gegen Krankheit gab es daher auch Brieflein, die mit folgenden Worten und Buchstaben beschrieben waren:

Abzacatabza
Abzacatabz

Abzacatab	*Abzaca*	*Abz*
Abzacata	*Abzac*	*Ab*
Abzacat	*Abza*	*A.*

Wer sich vor jeglichem Unglück schützen wollte, musste einen sogenannten Himmelsbrief, der auch wieder mit Formeln und Sprüchen beschrieben war, an einem Faden um den Hals tragen. Angeblich schützte er sogar gegen feindliche Kugeln. Hierzu war die nachstehende Anleitung zu finden: „Vor das Füber auf ein Brieflein geschrieben und zusammen gerollt mit einem Faden zusammen genäht und mit diesem Faden um den Hals gehängt, in der 11. Stunde, und 11 Tage hängen lassen, und am 11. Tag wieder in der 11. Stunde weggenommen und in das fließende Wasser getragen. Ist es ein Mannsvolk, so muss es ein solches tun, ist es eine Weibsperson, so muss sie es auch tun." Hatte das Unglück dennoch einen Bauern ereilt und der Tod war in seinen Stall gekommen, dann blühte der Aberglaube in der ländlichen Bevölkerung besonders auf. Es wurde dann meist angenommen, dass die Sache nicht mit rechten Dingen zugegangen sei. Vielfach suchten die Menschen den „klugen Mann" oder die „gescheite Frau" für einen Rat auf. Allerlei Mittelchen sollten nun helfen, die bösen Geister oder dunklen Mächte aus dem Stall zu vertreiben. Weit verbreitet war das Ausräuchern des Stalles mit neunerlei Holz, worunter aber kein Früchte tragendes sein durfte. Die Asche des Holzes wurde zum Schluss in allen Räumen verstreut. Vor der Stalltür lag immer ein Besen, denn man glaubte, dass Hexen und böse Geister nicht über solches Hindernis hinweg konnten. Unter sämtlichen Eingängen zum Hofe vergrub man ein Gemisch aus Pfeffer, Salz und Teufelsdreck (Gewürz aus der Asantpflanze, auch Stinkasant genannt, weil es wie verrottende Zwiebeln riecht). Ein gefundenes Messer musste außerdem mit der Spitze nach oben eingegraben werden.

Auf ähnliche Weise konnte man jegliches Grundstück vor bösen Geistern schützen. Der Ratschlag hierfür lautete, am Pfingstsamstag nach Sonnenuntergang um das ganze Grundstück herum Salz zu streuen. Hierzu waren verschiedene Sprüche und Formeln zu murmeln.

Doch auch wenn Schutzzauber und Vorkehrungen vor Unglücken bewahren sollten, so geschah dennoch immer wieder Unerklärliches, das die Fantasie anstachelte und allerlei abergläubische Schlussfolgerungen auslöste.

Ein Mädchen erbricht Kröten

Kurz vorm Ende des unseligen großen Krieges ereignete sich in Altenburg eine gar unschöne Sache. Die 30-jährige Dienstmagd Katharina Geilerin fühlte sich eines Tages unwohl, und weil der Hausherr glaubte, sie habe die Pest, schickte er sie nach Hause zu ihrer Mutter. Dort angekommen, wollten die Bauern das Mädchen aber nicht aufnehmen, denn sie fürchteten, sich bei ihr mit der grässlichen Seuche anzustecken. So musste die Ärmste also auf einer Wiese unter einer undichten Heuhütte verbleiben. Niemand kam zu ihr, keiner pflegte sie oder brachte ihr Wasser und Nahrung. Halb verhungert, verdurstet und völlig entkräftet kroch sie auf allen Vieren zu den Pfützen und Sümpfen, um ihren Durst mit dem stinkenden Wasser zu löschen.

Irgendwann war die Krankheit zum Glück überstanden und sie hatte sich einigermaßen erholt, da schwoll ihr Leib nach und nach auf. Sie litt hernach an heftigem Erbrechen, wobei sie etwas Dickes auswürgte, das sie weder definieren konnte noch sonderlich beachten wollte.

Am 26. Juni 1647 jedoch erbrach sie zwei große Kröten, zwei kleinere von der Größe einer Hummel und zwei lange dünne Eidechsen. All diese Tiere haben gelebt.

Am 12. Juli gesellte sich eine lebendige mittelgroße Kröte hinzu, hierauf eine große und eine kleine, beide tot. Damit nicht genug, am 18. Juli gab sie literweise moderiges Wasser und eine bleichgelbe Materie mit lichten Fünckchen wie Augen von sich, am 29. März 1648 einen Frosch und eine halbe Eidechse. Der lustig quakende Frosch hat noch sechs Tage gelebt. Nachdem man der armen Frau am 4. April noch zwei lebende große Frösche grüner Farbe und am 11. April eine große dicke Kröte mit spitzen Klauen tot aus dem Mund gezogen hatte, war sie endlich wieder genesen – sie hat gesund und ohne weitere Vorfälle bis ins Jahr 1660 gelebt.

Die weiße Rose im Magdalenenstift

Mitten in Altenburg liegt gegenüber dem Schloss das Magdalenenstift, einst als Alterssitz für Magdalena Sibylle von Sachsen, Ehefrau des Herzogs Friedrich Wilhelm II., gedacht. Da sie früh starb, wurde aus dieser Idee nichts, und nach zwischenzeitlicher Nutzung als Kornspeicher kam eine Mädchenschule in das Gebäude. Nun erzählt die Sage, dass dasjenige Erziehungsfräulein, welches an seinem Platz in der Kirche eine weiße Rose findet, sehr bald sterben müsse.

Herzogin Amalie hatte 1830 ein Ehrenzeichen, gestiftet, die vergoldete Rose. Die sogenannten Erziehungsfräuleins konnten diese Rose bei entsprechend guter Arbeit an ihrem letzten Tag als Ehrung in Empfang nehmen. Lag nun die weiße Rose auf ihrem Sitzplatz, so war dies ein Zeichen für den baldigen Tod, denn die weiße Rose symbolisiert den „Pfad zurück nach Hause". Das hieß, es war diesem Erziehungsfräulein gewiss unmöglich, die goldene Rose in Empfang zu nehmen.

Der geheimnisvolle Bettler

Im Dorf Nischwitz bei Jonaswalde war einst Wolfgang Beyerlein aus Altenburg amtierender Pfarrer. Solche Geistlichkeit ist oft unterwegs und mitunter eingeladen zu Familienfeierlichkeiten. Am 18. Januar 1669 begab sich Beyerlein zu einem Taufessen im damals nach Nischwitz eingepfarrten Pillingsdorf. Wie er nun beim Bauer Hans Achler zu Tisch saß, betrat auf einmal ein stummer Bettler die Stube. Er schaute sich um, griff einen hölzernen Teller und schrieb darauf: „O Mensch, bedenke, was Du tust, gedenke, dass Du sterben musst!" Er setzte den Teller auf den Tisch und schob ihn dem Herrn Pfarrer hinüber. Der las die Worte des Bettlers, runzelte kurz die Stirn und wendete den Teller um. Dann schrieb er auf die Rückseite: „Ich weiß wohl, dass ich sterben muss, die Zeit aber ist mir unbewusst!" Unter den erstaunten Blicken der Anwesenden reichte er dem Bettler den Teller wieder über den Tisch. Der stumme Gast überflog die Worte und schrieb sogleich etwas darunter: „den 26. März". Der Pfarrer lächelte und gab nichts weiter darauf. An besagtem 26. März stand er früh auf und fühlte sich vollkommen gesund. Aber gegen 10 Uhr vormittags legte er sich doch ein wenig hin – und ist von seiner Bank nie wieder aufgestanden.

Blick auf Nischwitz.

Die Magd und die goldenen Kohlen

Vor langer Zeit arbeitete auf der Burg Posterstein eine fleißige und gewissenhafte Magd. Am Abend hatte sie sich beizeiten schlafen gelegt, denn sie wollte in der Früh aufstehen, um Feuer zu machen und den Koch zu wecken. Des Nachts schreckte sie aus dem Schlaf und hörte im Dorf schon den Schmied hämmern. Erschrocken blickte sie aus dem Fenster: Es war noch finster draußen! Doch sie glaubte, sie hätte es verschlafen. In Windeseile schlüpfte sie in ihre Kleider und huschte auf leisen Sohlen in die Küche. Dort kehrte sie die Asche vom Herd und legte das Herd- und Scheitholz zurecht. Doch wie sehr sie sich auch mühte, das Feuer mit einem Funken zu entzünden, es brannte nicht. Sie überlegte nun nicht lange, griff sich die Kohlenschaufel und eilte damit in die Dorfschmiede. Den Meister, der mit rußigem Gesicht am Amboss stand, bat sie um eine Schaufel voll glühender Kohlen. Er nickte stumm und die Magd schob die Schaufel in die Kohlenglut, dann eilte sie wie der Wind den Burgberg hinauf. Hastig lief sie in die Küche und trat an den Küchenherd. Da heulte und fauchte es mit einem Mal gar schaurig durch den Kamin, und vom Kirchturm hallten zwölf dumpfe Schläge durch die Nacht. Es war also Geisterstunde! Das hieß, der wilde Jäger ging um und ritt mit seiner Geistermeute durch die Luft. Zu Tode erschrocken warf die Magd die Kohlen auf den Herd, rannte in ihre Kammer und verkroch sich angstschlotternd im Bett.

In der Morgendämmerung erwachte sie aus einem unruhigen Schlaf und wagte es kaum, ihren Fuß vors Bett zu setzen. Doch dann lief sie ängstlich zur Küche – und fand zu ihrem großen Erstaunen statt der Kohlen lauter blanke Goldstücke auf dem Herd.

Die verirrte Magd

Unter der Burg Posterstein verlaufen viele verzweigte Gänge und Keller. Dort verirrte sich einst eine junge Magd, die für die Gäste ihrer Herrschaften nach neuem Wein geschickt worden war. Sie irrte eine Weile umher auf der Suche nach dem Weinkeller und gelangte dabei in einen Raum, dessen Wände mit den kostbarsten Waffen und Pferdegeschirren behängt waren. Verwundert bestaunte sie einige Momente diesen Reichtum, vergaß darüber ganz ihren eigentlichen Auftrag und eilte hinauf, um ihrer Herrschaft davon zu berichten. Beim Verlassen des Raumes blieb wundersamerweise eines der prächtigen Pferdegeschirre an ihr hängen. Die Herrschaften staunten nicht schlecht, als die Magd so vor ihnen stand und gewahrten, dass das Geschirr von gediegenem Gold war. Sofort machte sich die ganze Gesellschaft auf, den beschriebenen Raum zu suchen. Doch niemand vermochte ihn je wieder zu finden. Kein menschliches Auge hat diese Schätze noch einmal erblickt.

Der Grabstein auf Schloss Posterstein

Der Sage nach haben zwei Ritter namens Puster und Stein den Ort Posterstein gegründet. Der eine von ihnen hatte einen lahmen Fuß, und man erzählte sich von ihm die schlimmsten Dinge. Als er gestorben war, hat man ihm natürlich einen Grabstein gesetzt, allerdings war er darauf ohne seinen lahmen Fuß abgebildet. Darum konnte er keine Ruhe finden und ging des Nachts um. Irgendwann korrigierte man die Darstellung des Fußes auf dem Bildnis und der Ritterspuk war vorbei.

Kahnts See bei Hartha

In der Nähe von Hartha bei Lumpzig liegt eine Wiese, die der Volksmund Seewiese getauft hat. Daneben erstreckt sich der Braunshainer Wald, den viele unter der Bezeichnung Kahnts See kennen. In den alten Zeiten befand sich statt der Wiese hier ein großer Teich, in dem aller-

hand Nixen und Seejungfern wohnten. Hin und wieder entführten sie den Wöchnerinnen ihre Kinder noch vor der Taufe und tauschten sie gegen eigene Kinder aus. Manchmal machten sie sich aber auch nützlich und halfen den Bauern auf den Feldern. Wollte man sie ansprechen, verschwanden sie geräuschlos. Im nächtlichen Mondschein bleichten sie ihre Wäsche, die so schneeweiß leuchtete, dass es die Augen blendete. Doch wirbelte ein auf der Eisenberger Straße vorbeifahrender Fuhrmann eine Staubwolke auf ihre Wäsche, so machten sie ihm die Pferde scheu.

Mitunter sah man die Wasserjungfrauen in Hohenkirchen beim Tanz. Als nun einmal ein junger Mann aus Hartha solch eine über die Maßen schöne Nixe nach dem Tanz nach Hause begleitete, liefen sie bis zu Kahnts See. Dort nahm sie, Gott-weiß-woher, eine silbrig glänzende Rute in die Hand und schlug damit ins Wasser, das sich in dem Moment teilte bis auf den Grund. Trockenen Fußes gelangte sie also hinein und war plötzlich verschwunden. Den jungen Verehrer erfasste allerdings das kalte Grausen und er lief vor Angst davon. In seiner Aufregung beging er einen folgenschweren Fehler: Niemals darf man von derlei Begegnungen vor dem neunten Tage erzählen. Er aber war nach Hause gelaufen und hatte das Erlebte entsetzt jedem berichtet, den er traf. Das hätte er nicht tun sollen, denn bald darauf musste er sterben. Das Wasser in Kahnts See färbte sich zur Trauer von Stund' an schwarz und verdunstete bald gänzlich.

Manche Leute machten lieber eine Umweg durch die Felder und Wiesen, als an der Stelle vorbeizugehen, vor allem in der Geisterstunde. Eine ziemlich abergläubische Familie aus Hartha hatte dicht daneben eine kleine Wiese und erzählte, zur Mitternacht sei man an Kahnts See nicht sicher vor Steinwürfen und Ohrfeigen.

Das Hochzeitsglas

In Nöbdenitz gab es vor vielen Jahren eine große Hochzeit, zu der sogar Musiker aus nah und fern aufspielten. Zuvor jedoch geschah etwas Seltsames. Nach der Trauung war die Hochzeitsgesellschaft von der Kirche ins Nachbardorf gezogen, aus dem der Bräutigam stammte. Vor seinem Elternhaus machten sie halt. Wie es damals Sitte war, überreichte die Mutter ihrem Sohn, ohne die Braut zu begrüßen, ein gefülltes Glas. Der Bräutigam trank und reichte den Rest seiner Braut. Diese leerte das Glas und warf es dann über die Schulter in den gepflasterten Hof. Alle Hochzeitsgäste schauten gespannt zu und warteten, dass das Glas zerbräche. Doch es zerbrach nicht. Einer der Hochzeitsgäste lief schnell hin und zertrat es mit dem Fuß.

Nun erst begrüßte die Mutter ihre Schwiegertochter, allerdings sehr unterkühlt, denn solch nicht zerbrochenes Glas war ein Vorbote für großes Unglück. Und tatsächlich war das so. Nach nur wenigen Jahren verstarb die junge Frau, mit der Wirtschaft ging es bergab. Der Ehemann musste das Haus verkaufen und verließ den Ort, keiner weiß, wohin.

Die Wintersdorfer Kirche.

Der Goldfund

In Wintersdorf hat es sich zugetragen, dass eine Dienstmagd auf der Dorfstraße einen Taler fand. So ein Taler war früher viel Geld. Die Dienstmagd konnte solches gut gebrauchen, denn zum Sparen reichte ihr karger Lohn nicht. Also steckte sie den Fund ein und gedachte, sich bald die dringend benötigten Schuhe beim Schuster abmessen zu lassen. Froh lief sie nach Hause und versteckte den Taler in einem Kasten vor neugierigen Blicken. Am nächsten Morgen schaute sie voller Freude wieder hinein – und wich erstaunt zurück: Der Kasten war bis unter den Rand mit Talern gefüllt. Es dauerte ein wenig, bis sie sich beruhigt hatte, dann überlegte sie, ob dies immer so funktioneren könnte. Also legte sie den Taler in ein Schubfach ihres Schrankes. Anderntags sprang sie aus dem Bett und riss den Schrank auf: Auch er war voller Goldstücke.

Nun war ihr die Sache doch etwas unheimlich. Sie wusste sich keinen Rat und erzählte ihrer Dienstherrin von dem Vorgefallenen. Die erschrak und schickte die Magd schleunigst nach Altenburg zum Gericht. Selbst die hohen Gerichtsherren waren ratlos. Jedoch hielten sie die Sache für gefährlich und empfahlen der Magd, den Taler wieder dorthin zu bringen, wo sie ihn gefunden hatte. Das fiel ihr einigermaßen schwer, denn die Not war oft groß und Schmalhans Küchenmeister. Die Angst überwog jedoch und die Magd befolgte den Rat. Als sie wieder heimkam und in den Kästen nachschaute, waren sämtliche Taler verschwunden. Ein kleiner Trost blieb ihr, denn sie sagte sich, dass es doch wirklich besser sei, ehrlich zu arbeiten, als mit des Teufels Mächten Reichtum anzuhäufen.

Der schiefe Turm von Stiemts

Vielleicht erinnert sich noch dieser oder jener, dass die Großstöbnitzer Kirche mit ihrem schiefen Turm, der inzwischen wieder grade steht, früher schon von Weitem ins Auge fiel. Irgendwann fuhr eine Vereinsgesellschaft mit dem Zug durch Großstöbnitz. Die reisenden Herren schauten aus dem Fenster und blickten mit einiger Überraschung auf die Kirche des Dorfes. Eine angeregte Diskussion über die Ursachen dieser baulichen Besonderheit führte zu keinem Ergebnis. Weder die starken Südwestwinde, noch Bodensenkungen überzeugten als Erklärung. Irgendwann ergriff ein älterer Herr mit grauem Haar und großer Brille das Wort und sagte: „Ich will euch sagen, was der Grund ist.“ Und er erzählte eine sagenhafte Geschichte, die alle in Erstaunen versetzte.

Es soll sich also zugetragen haben, dass ein armes, aber sehr hübsches Mädchen namens Liesa beim reichsten Großstöbnitzer Bauern in Diensten stand. Es fiel seiner Herrschaft durch außerordentlichen Fleiß, Sittsamkeit, Bescheidenheit und Ordnungssinn angenehm auf. Doch das Mädchen war auch ehrgeizig. Sein sehnlichster Wunsch war es, ebenso reich zu werden wie seine Dienstherrin. Gar zu gern hätte es wundervolle seidene Kleider getragen, wäre es in der prächtigen Kutsche gefahren und hätte es den teuersten Schmuck kaufen wollen.

Doch wie sollte eine Dienstmagd es anstellen, zu solchem Reichtum zu kommen? Selbst wenn sie mal einer heiraten würde, dann doch nur ein armer Mann.

Eines Tages lief die unglaubliche Neuigkeit durchs ganze Dorf: Die Liesa würde heiraten, und zwar einen schwerreichen Bauern aus einer weit entfernten Gegend. Viele lachten und schenkten den Gerüchten keinen Glauben. Doch eines Tages gab Liesa ihre Stellung auf und kümmerte sich im Haus ihrer Mutter um die Ausstattung. So warteten nun alle gespannt auf den Hochzeitstag. Jung und Alt war da auf den Beinen, um einen Blick auf das Brautpaar, vor allem auf den Bräutigam erhaschen zu können. Sogar der Großstöbnitzer Kirchturm war neugierig und beugte sich hinab, um die Brautleute zu betrachten. Doch wie er neben der wunderschönen jungen Braut den greisen, grauhaarigen, krummen und lahmen Bräutigam mit triefenden Augen und zahnlosem Mund erblickte, traf den Kirchturm der Schlag und er vermochte nicht mehr grade zu stehen.

Thüringer Gold in Venedig

In den allermeisten Ostthüringer Flüssen konnte man früher Gold finden. Jedes Frühjahr kam ein sogenannter Venediger (so nannte man die Leute, die nach Mineralien und Gold suchten und die nicht von hier waren, sondern vermutlich aus Venedig oder anderswoher stammten) in unsere Gegend, der sich von einem ortskundigen Burschen zu den aussichtsreichsten Stellen führen ließ. Irgendwann kam der Venediger nicht mehr, der Bursche allerdings wurde Fuhrmann und kam in der Welt herum. Einmal führte ihn sein Weg nach Venedig, wo er Güter abzuliefern hatte. Auf seinem Weg durch die Stadt der Kanäle fiel ihm plötzlich ein Kaufladen ins Auge. In den Schaufenstern standen kunstvolle Gläser in tiefstem Kobaltblau, daran blitzten Gold und Edelsteine. Es stellte sich heraus, dass hier ein reicher Juwelier wohnte. Der saß gerade in seinem Laden und sah den Thüringer Burschen vorm Schaufenster stehen. Freudig trat er aus der Tür und begrüßte ihn aufs Herzlichste. Es war nämlich niemand anders als der Goldsucher, der nun erzählte: „Dieses Gold und die Edelsteine, lieber Freund, habe ich bei euch in Thüringen gefunden. Eure Landsleute verstehen es nicht, die Goldvorkommen zu finden.“ Zum Abschied und aus Dankbarkeit überreichte der Venediger dem Burschen zahlreiche kostbare Geschenke, unter anderem sein Walenbuch, in dem er Notizen und Zeichnungen bei der Schatzsuche gemacht hatte.

Gottesspeise

Einmal schickten Bauern aus einem zwischen Crimmitschau und Schmölln gelegenen Dorf ihren Sohn am Morgen los, damit er am Waldrand die Kühe weidete. Gegen Abend wollte er sie heimtreiben, musste jedoch lange nach den Tieren suchen. Darüber wurde es finster, denn es war schon Spätherbst und die Sonne schien nur noch wenige Stunden.

Eine stürmische Nacht brach an und ein vorzeitiges Schneetreiben wehte alle Wege zu. Die Eltern warteten zu Hause in großer Sorge und konnten aber nicht hinaus. Als ihr Kind am nächsten Morgen nicht heimkam, liefen sie mit anderen Dorfbewohnern zum Wald, konnten es jedoch nicht finden. Erst am vierten Tage schlossen sie es glücklich in die Arme. Der Junge saß auf einer sonnigen Lichtung, keinerlei Schnee war zu sehen. Friedlich käuend lagen die Kühe auf der Weide vorm Wald. Die verwunderten Eltern erzähltem ihrem Sohn von all den Ängsten, die sie ausgestanden hatten. Da meinte er ganz ruhig: „Ich wollte warten, bis es Abend wird und das Vieh noch eine Weile grasen lassen." Zum Erstaunen der Eltern wusste der Junge gar nicht, wieviel Zeit inzwischen verstrichen war. Die Mutter fragte, immer noch besorgt, was er denn die ganze Zeit über gegessen habe. Ein fremder Mann sei gekommen, und habe neben das bis dahin noch nie wahrgenommene Bächlein, das an jener Lichtung auf einmal munter plätscherte, Brot und Käse gestellt. Da wussten die Eltern, dass Gott ihren Sohn bewahrt und für ihn gesorgt hatte. Von jenem Tag an hieß die Stelle im Wald „Gottesspeise".

Der Schatz im Kirchberg

In Gerstenberg hat früher auf dem Hügel, der jetzt die kleine Kirche trägt, ein Schloss gestanden. Als das Gebäude baufällig wurde, ließen Mönche es abreißen und errichteten an dieser Stelle eine Kapelle, die dem Erzengel Michael geweiht ist. An diesen Heiligen erinnert ein Steinbild an der Südseite der Kirche. Doch dem Heiligen fehlt sonderbarerweise der linke Arm.

Darüber weiß Frau Sage auch etwas zu berichten: In der linken Hand hielt St. Michael eigentlich einen Stab, der auf eine Stelle des Hügels zeigte, an der ein Schatz vergraben war. Das wussten nur wenige, und damit kein Unbefugter den Schatz finden konnte, brachen die Geistlichen einfach den Arm ab. Bei Erdarbeiten am 8. September 1843 hat man tatsächlich auf der Südseite der Kapelle eine Urne mit reichlich 800 Silbermünzen gefunden. Keine Urkunde spricht von diesem Schatz und auch nicht davon, wer ihn vergraben hat.

Nur manchmal, so berichteten es die alten Gerstenberger, habe sich der Hügel geöffnet und ein feuriger Wagen mit wild schnaubenden Flammenrossen sei hervorgezischt und eine Stunde später mit lautem Getöse wieder darin verschwunden.

Die kleine Gerstenberger Kirche auf dem Schatzhügel. ▸

Die Hormetjungfer

Einst wuchs ein stattlicher Kreuzdornbusch bei Schelditz, da, wo die Landstraße vor der Brücke ins Dorf führt. Mit seiner alljährlichen Blütenpracht war er eine Augenweide für alle Vorübergehenden. Irgendwann hat man ihn gerodet, nicht wissend, dass damit ein Wunderstrauch beseitigt wurde. Über diesen wird Folgendes erzählt:

Der Herr von Schelditz war auf einem der letzten Kreuzzüge im Gelobten Land unterwegs. Dort focht er manch harten Kampf und verlor dabei einen Sporn an seinem Stiefel. Da er keinen Ersatz hatte, schnitt er aus einem Kreuzdornast einen neuen, den er trug, bis er wieder nach Schelditz kam.

Wie üblich begrüßten ihn die Schelditzer bei seiner Rückkehr sehr feierlich, unter anderem ging ihm eine Hormetjungfer entgegen, die den typischen Kopfputz des Altenburger Landes, den turmartigen, goldbestickten Hormet trug. Als sie ihm den Willkommensgruß entbot, nahm sie den Dorn und steckte ihn in die Erde. Dabei sagte sie den Spruch: „Willkommen, du edler Rittersporn! Nun grün und blüh, du Heilandsdorn!"

Während sie das Kreuz darüber schlug, erbebte der Boden, dumpfer Donner grollte, Blitze zuckten und vom heiteren Himmel ergoss sich sanfter Regen. Sofort begrünte sich die Kreuzdorngabel, die Zweige trieben aus und fingen an zu blühen. In den folgenden Jahrhunderten blühte der Busch jedes Jahr in voller Pracht, dann musste er beim Bau der Schelditzer Brücke weichen.

Seitdem erscheint um Mitternacht manchmal jene Hormetjungfer, die den Dorn eingepflanzt hatte. Sie klagt und jammert dann um ihren Kreuzdornbusch. Begegnet ihr dabei jemand, so umarmt sie die Person und fleht: „Schaff mir den Kreuzdorn wieder auf den Fleck." Einmal wollte sie einen jungen Mann umarmen, der wehrte sich aber dagegen und versuchte, die Hormetjungfer die Brücke hinabzustürzen. Das war keine gute Idee gewesen, denn die Jungfer blies Feuer und Rauch in sein Gesicht und würgte ihn, bis ihm schwarz vor Augen wurde. Es dauerte sehr lange, bis er sich davon wieder erholt hatte.

Die schwarze Henne

In den mittelalterlichen Zeiten lebte in Kriebitzsch ein junger Mann, der lief jeden Abend nach Altpoderschau. Um Mitternacht führte sein Weg durchs Grubenhölzchen, das zwischen beiden Orten liegt, und an einer bestimmten Stelle saß immer eine große schwarze Henne. Das erzählte er seinem Vater und er sagte ihm auch, dass er beim nächsten Mal die Henne einfangen wolle. Davon riet der Vater seinem Sohn unbedingt ab, aber dieser wollte nichts davon hören. Als er in der nächsten Nacht an der Stelle vorbei kam, saß die Henne auf ihrem gewohnten Platz.

Der Junge machte einen Satz und warf sich auf sie, doch die Henne flatterte wild, sperrte drohend ihren Schnabel auf und schlug ihm mit den Flügeln ins Gesicht. Dann verschwand sie plötzlich und wurde nie mehr wieder gesehen. Enttäuscht ging der junge Mann nach Hause

Gehölz bei Kriebitsch.

und legte sich in sein Bett. Als er aber am nächsten Morgen aufwachte, war sein Gesicht gerötet und juckte überall – ein unangenehmer Ausschlag breitete sich aus. Nicht einmal der Bader konnte dem Mann helfen. Bis an sein Lebensende musste er für seine Tat büßen und den Schmerz erdulden.

Frau Holle und die Zwölfnächte

Die alte Göttin und Sagengestalt Frau Holle (Holla, Holda u.Ä.) verbindet wohl fast jeder mit dem Jahresende, dem Winter und dem weißen Vergnügen, das sie angeblich bringen soll, dem Schnee. Folgerichtig stehen die beiden letzten Texte, die sich der Frau Holle annehmen, am Ende unsres Ausflugs ins Sagenreich des Altenburger Landes.

Wenn früher die Weihnachtszeit kam, da begann auch hier die Zeit, in der die Leute allerhand beachten mussten. Das ist die Zeit der Zwölfnächte, jene magische Zwischenzeit, in der Frau Holle – die unsren Vorfahren eine große und weise Göttin, sozusagen eine Art Urmutter gewesen ist – an bestimmten Stellen heraustrat auf die Erde und über das Land zog.

Wenn diese Zeit ihren Anfang nahm, da wickelten die Leute viel Werg (Kleidung) um den Rücken, denn es hieß: „So manches Haar, so manches gute Jahr."

Und wenn über Neujahr Frau Holle wieder in ihren Berg zog, da rissen sie allen Flachs vom Rücken herunter, denn sie glaubten dann: „So manches Haar, so manches böse Jahr."

Auch mit dem Essen musste man aufpassen: Zu Neujahr aß man mittags Hirsebrei, denn wer das (oder eine andere Mahlzeit mit quellenden Zutaten) am ersten Tag des Jahres isst, der hat das ganze Jahr Geld in der Tasche. Nur kaufen durfte man die Hirse nicht am Neujahrstag. Wer nämlich an diesem Tag auch nur ein Geldstück ausgibt, dem fehlt es das gesamte Jahr am Geld. Am Neujahrstag darf man auch nicht nähen – denn die Nähfäden ziehen die Gewitter nach sich – und nichts flicken – auch hier: Gewitterschäden.

Frau Holle jedenfalls verriet in den Zwölfnächten auch so manches und tat oft Gutes.

Frau Holle ist übers Land gezogen.

Einmal herrschte während der Zwölfnächte strenger und trockener Frost. Da trug es sich zu, dass ein Holzfäller, der von früh bis spät in einem Wald bei Schmölln gearbeitet hatte und gerade Feierabend machen wollte, im fahlen Licht der Dämmerung auf der Lichtung einen Wagen stehen sah, neben dem eine Frau stand. Es fing gerade leicht zu schneien an und der Wind wehte dem Holzfäller Schneeflocken in die Augen. So konnte er die Frau und den Wagen nicht richtig erkennen, und die Neugier trieb ihn, wenngleich er einen Umweg machen musste, zu dieser Lichtung, um zu erfahren, was die Frau jetzt noch im Wald zu schaffen hatte. Er erkannte nun einen hübschen Korbwagen, vor den zwei schneeweiße Schimmel gespannt waren, die schöne große Frau daneben trug schlohweiße Pelzkleider. Zu ihrem Pech war der Wagen mit dem linken Hinterrad in eine tiefe Furche geraten und die hinterste Achse gebrochen.

Als der einfache Holzfäller nun diesen Wagen und die stattlichen Pferde mit ihren feurigen Augen und die anmutige weiße Frau sah, da klopfte ihm das Herz bis zum Hals. Er spürte, dass die Sache nicht mit rechten Dingen zuging und wäre am liebsten auf der Stelle umgekehrt. Doch etwas hielt ihn zurück und mahnte ihn, dass eine Umkehr nicht richtig wäre. Er nahm also all seinen Mut zusammen und fragte die Frau, ob sie Hilfe brauche. Da klagte sie ihm ihre Not und bat, er solle ihr doch helfen, den Wagen aus der Furche zu bringen und die gebrochene Achse festzubinden – es solle sein Schaden nicht sein. Da fasste er sich ein Herz und machte sich an die Arbeit. Mit seiner Axt hieb er ein Kiefernbäumchen um, hackte es glatt und band es mit einer Leine an die gebrochene Achse. Danach stemmte er sich mit aller Kraft gegen das Rad, das in der Furche feststeckte und brachte auch den Wagen wieder raus. Die weiße Frau bedankte sich vielmals und las eine Handvoll Späne auf, die er von dem Kiefernstämmchen losgespalten hatte, und steckte sie in den Spankoffer, in dem er sein Handwerkszeug hatte. Sie sagte, dies solle sein Lohn sein. Und schon saß sie in ihrem Wagen und sauste aus dem Wald hinaus wie der Wind.

Der Holzfäller blickte ihr erstaunt und einigermaßen erleichtert nach, denn er war froh, dass er heil davon gekommen war. Die Sache mit den Holspänen wollte ihm nicht allerdings noch nicht so recht in den Kopf: Da hast du ja einen schönen Lohn bekommen, dachte er.

Als die Frau aus dem Wald verschwunden war, schüttete er drum die Späne aus seinem Korb heraus, denn damit wollte er sich nicht abschleppen. Froh, der eigentümlichen Erscheinung entronnen zu sein, machte er sich mit großen Schritten auf den Heimweg.

Zu Hause erzählte er keinem Menschen auch nur ein Sterbenswörtchen davon, was er erlebt hatte, denn er wusste, dass man von solchen Begegnungen nicht vor neun Tagen erzählen soll. Andernfalls riskierte man, dass einem in der Nacht im Bett der Hals umgedreht wird.

Wie der Holzfäller aber am anderen Tag wieder an seine Arbeit gehen und zuhause das Essen in seinen Korb packen wollte, da sah er auf einmal drei funkelnagelneue Dukaten darin liegen. Ihm war sofort klar, dass dies die Holzspäne von der weißen Frau waren, die sich in blankes Gold verwandelt hatten. Da lief er so schnell er konnte hinaus in den Wald und fand auch die richtige Stelle wieder, doch da lagen nur Späne. Nun erkannte er, welch große Dummheit er begangen hatte.

Er hatte eine schöne Gelegenheit verpasst, ein reicher Mann zu werden.

Frau Holle auf dem Lumpziger Höckhübel

Vorab sei gesagt: Es gibt zahlreiche Schreibweisen, die das Lumpziger Hügelgrab in der nachfolgenden Sage bezeichnen. Wir haben uns für Höckhübel entschieden.

Da lebte nun also einmal eine Frau, die war mit einem richtigen Taugenichts verheiratet. Der saß tagein, tagaus, sonn- und wochentags in der Schenke, trank Bier und Schnaps – viel mehr, als er vertragen konnte – und war beim Kartenspiel immer der Erste. Wenn er zu nachtschlafener Zeit im Rausch heimwärts torkelte, veranstaltete er ein Mordsspektakel. Zuhause konnte es ihm niemand recht machen, er stritt und schimpfte auf seine Frau, prügelte sie und die Kinder, wenn sie ihm in die Quere kamen. Oft blieben Leute draußen vorm Haus stehen und fragten sich, was das denn für eine liederliche Wirtschaft sei. Dabei war der Mann als unverheirateter Bursche ein ganz ordentlicher Kerl gewesen, hatte nicht gespielt und sich auch nicht im Trinken übernommen. Doch seit seiner Heirat gab es zuhause nichts als Zank und Ärger. Inzwischen fühlte er sich nur noch in der Schenke wohl.

Seffe, so hieß seine Frau, wusste sich schließlich nicht mehr zu helfen und ging zu einer wunderlichen alten Frau, die immer Rat wusste. Sie hatte schon manchem aus der Not geholfen, ob er nun ein krankes Tier im Stall hatte oder selbst krank oder in Schwierigkeiten war. Seffe hoffte, die Alte habe vielleicht auch ein Mittel für ihren Mann, dass er wieder ordentlich werde.

Als sie der Frau nun alles erzählt hatte, überlegte diese ein Weilchen, blätterte in ihrem alten Buch, schnäuzte sich und sagte: „Ja, wenn die Sache so steht, da kann ich euch freilich nicht helfen. Aber wenn ihr euch das etwas kosten lassen wollt, dann kann ich euch jemanden nennen, der in solchen Sachen Bescheid weiß."

„Wenn es bloß das ist", sagte Seffe, „da kommt es mir auf kein Geld an, wenn mir bloß aus dem Elend geholfen werden kann!" Die alte Frau sprach: „Dann ist es gut. Du musst in der siebenten von den Zwölfnächten, eine Stunde, bevor die Sonne aufgeht, raus nach dem Höckhübel gehen und dich nach Osten hin so weit entfernt von der Linde aufstellen, wie du fünf Pfund Speck werfen kannst. Nimm also drei Stück Speck mit: eines von einem, eines von drei und eines von fünf Pfunden. Die drei Stücke musst du der Reihe nach hinauf zur Linde werfen; und bei jedem Stück musst du sagen: ‚Liebe Frau Holle, höre mich, mache meinen Mann gut und ordentlich! Und wenn du das dritte Stück geworfen hast, wird dir Frau Holle Antwort geben."

Seffe fand die Sache schon ein wenig gruselig, aber wenn sie an ihr Leid dachte, da wollte sie es lieber versuchen, als so weiter zu leben. Zur bestimmten Zeit begab sie sich hinaus auf den Höckhübel an der Linde. Es war harter Frost, der Schnee knirschte unter den Sohlen, und in der stockfinsteren, mäuschenstillen Nacht regte sich kein Lüftchen. Seffe stellte sich auf der Seite nach Osten zu, wie es die Alte gesagt hatte, drei Ellen vor den Berg, wo die Linde oben steht, sodass sie ihren Speck ordentlich hinaufwerfen konnte. Das Herz klopfte freilich, aber sie nahm sich zusammen und sagte dreimal ihren Spruch auf. Jedes Mal warf sie den Speck hinauf. Beim dritten Mal erschien hinter der Linde plötzlich eine weiße Gestalt, die rief mit lauter und deutlicher Stimme:

Wu Monn un Froo sich nich vertreet
de Wartschoft ball in Orgen leet,
ihr hutt o wetter nicht geton all sich gearchert Tok un Nocht
un nischt all Zank und Schpuhk gemocht.
Itz nimm vun mir die Liehre on:
Wos ha verlangt, gewillj dertrog,
un hot e unracht, gib nar nach;
Hall worm dein Monn un fuljn nar,
un hilft dersch nischt, kumm widder har!

[Wo Mann und Frau sich nicht verträgt
die Wirtschaft bald im Argen liegt,
ihr habt auch weiter nichts getan als euch geärgert Tag und Nacht
und nichts als Zank und Spuk gemacht.
Jetzt nimm von mir die Lehre an:
Was er verlangt, gewillig ertrag',
und hat er unrecht, gib nur nach;
Halt warm dein' Mann und folg' ihm nur,
und hilfts dir nicht, komm wieder her!]

Seffe fiel vor Angst auf die Knie, als die weiße Frau hervortrat, und sie konnte nicht hochschauen, als diese ihren Spruch sagte. Als dann nach einer Weile wieder Stille einkehrte, blickte sie vorsichtig Richtung Linde: Da war nichts mehr zu sehen. Flugs sprang sie auf und ergriff die Flucht, und immer war es ihr, als würde ihr jemand unentwegt in die Ohren schreien: „Halt warm deinen Mann und folge ihm nur!"

Der Besuch am Lumpziger Höckhübel hat Seffe tatsächlich geholfen. Wenn ihr Mann nun wieder einmal Spektakel machen wollte, dann dachte Seffe einfach an Frau Holles weisen Rat. Sie lebte noch viele Jahre einträchtig und zufrieden mit ihrem Ehemann, und sie könnten heute noch leben, wenn wir nicht alle einmal sterben müssten. Natürlich hätte Seffe die Lehre auch billiger haben können. Doch sie war der alten Frau ewig dankbar, die ihr einst den guten Rat gegeben hatte und die mit ihrem Speck hinter der Linde verschwunden war – Frau Holle hat ihr auch späterhin noch manches Gute zukommen lassen.

Am Lumpziger Höckhübel, einem über 4.500 Jahre alten Hügelgrab, soll Frau Holle manchmal auf die Erde kommen.

Derheeme

ERNST DAUBE

Derheeme is doch uf der Walt,
wu mirsch an liebsten ist;
mei Voterhaus un Dorf und Fald,
dos is mei Porodies.

Wenn draußen o de Larchen seng,
se kunn's nich holb su schien,
un annerschwu bliehn nich de Leng,
wie se derheeme bliehn.

Un fruchtbor is o unse Land,
doß enn dos Harze locht,
un unser lieber Bauernstand,
dar hot's ze wos gebrocht.

De Manner, die son gut und wohr,
do gilt: ee Wort, ee Monn,
un Luug un Truug, die sin noch ror,
weil keener's Liejen konn.

Un saht eich ierscht de Meedchen oon,
die sin wie Milch un Blut
un grod gewochsen, un de Froon
sin narjends sist su gut.

Un unse Sprooche! Hiert se naar
wie ich su monches Gohr!
Kummt ihr uns o derkreiz un quaar,
die gibt's eich grub un kloor.

Dos is mei liebster Ufenthalt,
wu ich noch Freede hob.
Derheeme, gieh ich vun der Walt,
do leet mich in mei Grob.

Quellen- und Literaturverzeichnis

Brüder Grimm (Hrsg.): *Deutsche Sagen (vollständige Ausgabe nach dem Text der 3. Auflage von 1891)*, Rütten & Loening, Berlin 1983

Büro für Kunst, Kulturerbe und Denkmalpflege beim Rat des Kreises Schmölln (Hrsg.): *Sagen aus dem Kreis Schmölln, 2. Broschüre der Publikationsreihe zur Pflege und Vermittlung des kulturellen Erbes des Kreises Schmölln*, Volksdruckerei Altenburg, BT Schmölln 1988

Daube, Ernst / Grünert, Walter: *Derheeme bleibt derheeme. E Lasebuch en Altenborjer Bauernsproche*, Hrsg. Rat der Stadt Altenburg, Druckerei Thüringer Volksverlag GmbH, Altenburg 1949

Daube, Ernst (Sporgel): *Ollerhand Sochen zen Lasen un Lochen*, Oskar Bonde Verlag, Altenburg, Thür. 1925

Grässe, Johann Georg Theodor: *Der Sagenschatz des Königreichs Sachsen, Band 2*, Dresden 1874 (S. 309–311, unter: *http://www.zeno.org/nid/20004935020*, Lizenz: Gemeinfrei)

Quensel, Paul (Hrsg.): *Thüringer Sagen*, Eugen Diederichs Verlag, München 1991

Stallinger, Walter: *Sagen und Legenden aus dem Altenburger Land und seinen Randgebieten*, Steffen Sell Heimat-Verlag, Altenburg 2009

Tonndorf, Hermann: *Thüringer Sagen*, Druck und Verlag von Friedr. Weiß Nachf., Grünberg i. Schl. 1888

Uther, Hans-Jörg (Hrsg.): *Sächsische Sagen*, Eugen Diederichs Verlag, München 1992

Außerdem zogen wir zum Quellenstudium heran:

Herbert Feustel (diverse Artikel, erschienen in der Ostthüringer Zeitung, 2003–2006)
Mittheilungen der Geschichts- und Alterthumsforschenden Gesellschaft des Osterlandes zu Altenburg (versch. Jahre)

Ortsregister

Buchhinweise

Schmölln
Leben im Sprottetal

Antje Kuhnt und Wolfgang Bauer

17,90 €
978-3-89702-262-1

Schmölln
Ein Fotoalbum

Wolfgang Bauer und Antje Kuhnt

17,90 €
978-3-89702-431-1

Buchhinweise

Schmölln im Wandel der Zeit
Heimat- und Verschönerungsverein Schmölln e.V.
19,95 €
978-3-95400-306-8

Weitere Bücher aus Ihrer Region finden Sie unter:
www.suttonverlag.de